SPEAK PEACE
IN A WORLD OF CONFLICT

用非暴力沟通
化解冲突

[美] 马歇尔·卢森堡 (Marshall B. Rosenberg) ◎著

于娟娟　李　迪◎译

华夏出版社

HUAXIA PUBLISHING HOUSE

目 录
CONTENTS

非暴力沟通简介 ··· 001

对于《用非暴力沟通化解冲突》的赞誉 ··· 003

前言一 ··· 005

前言二 ··· 007

导语 ··· 010

    非暴力沟通的由来 ··· 013

    非暴力沟通的目的 ··· 015

第一部分
非暴力沟通的四要素
021

第 1 章　两个问题 ··· 023

第 2 章　我们如何表达内在鲜活的生命状态？ ··· 027

    观察 ··· 028

    感受 ··· 031

    需要 ··· 035

第 3 章　我们如何能让生活更美好？ ··· 037

    请求 ··· 038

    请求与要求 ··· 042

第二部分
应用非暴力沟通
049

第 4 章 自己内在的改变 ⋯ 051

通过自我教育而成长 ⋯ 052

对自己的"错误"做自我倾听 ⋯ 057

疗愈旧伤——哀悼与道歉 ⋯ 061

第 5 章 通过倾听与他人建立连接 ⋯ 065

回应他人的信息 ⋯ 068

第 6 章 看到他人的美 ⋯ 073

第 7 章 你想要改变什么? ⋯ 079

第 8 章 应对帮派和其他权力结构组织 ⋯ 089

我们是如何走到这地步的 ⋯ 090

在学校里创造改变 ⋯ 093

在贫民窟中与帮派工作 ⋯ 095

改变其他社会机构 ⋯ 097

第 9 章 转化敌对印象并建立连接 ⋯ 099

调解交战族群 ⋯ 103

与恐怖主义对话 ⋯ 106

第三部分
用非暴力沟通促进社会参与

111

第 10 章　与他人合力促成社会参与 ··· 113

为社会参与募捐 ··· 119

第 11 章　处理冲突和对抗 ··· 125

看到对方鲜活的生命状态 ··· 128

转化企业中的冲突 ··· 131

转化企业文化 ··· 134

如果人们不愿意到一起来 ··· 136

第 12 章　感激 ··· 137

赞美和表扬成为有害的评判 ··· 140

用非暴力沟通表达感激 ··· 141

怎样接受感激 ··· 143

第 13 章　结束语 ··· 145

致谢 ⋯ 149

非暴力沟通四要素 ⋯ 152

我们共有的一些基本感受 ⋯ 153

我们共有的一些基本需要 ⋯ 154

非暴力沟通中心简介 ⋯155

非暴力沟通简介

从卧室到会议室，从教室到战区，非暴力沟通（NVC）每天都在改变我们的生活。非暴力沟通为我们带来了一种有效的、切实可行的方法，和平地处理暴力和痛苦的根源。在非暴力沟通中，了解隐藏在我们言行背后未获满足的需要，有助于减少敌意、疗愈痛苦、改善职场关系和人际关系。如今，非暴力沟通已经进入世界各地的公司、学校、监狱和调解中心。一些机构，企业和政府机构在组织结构和领导方式上使用了非暴力沟通原则，使人文环境发生了令人感动的转变。

我们大多数人都迫切希望得到一些技巧，来改善人际关系，加深对内在力量的觉察，或只是让我们更有效地沟通。但不幸的是，我们大多从出生开始，学到的就是竞争、评判、命令、诊断，只会从"对"和"错"的角度思考和沟通。我们惯常的思考和说话方式，在沟通上顶多会成为阻碍，带来误解和挫折。但更糟糕的是，它会引发愤怒和痛苦，可能导致暴力。甚至人们的好意也会引起不必要的冲突，他们并不希望这样。

非暴力沟通帮助我们深入到表面之下，探索我们内在鲜活的生命状态，认识到我们所有的行为都是出于我们在设法满足人类的需要。我们学着做出一个表达感受和需要的词汇表，随时帮我们更清楚地表达我们内在鲜活的生命状态。如果我们了解并确认自己的需要，我们就发展出一个共同的基础，来创造更让人满意的人际关系。世界各地已经有成千上万的人，用这种简单却革命性的方法改善了他们的人际关系和生活，你也来加入吧。

对于《用非暴力沟通化解冲突》的赞誉

"《用非暴力沟通化解冲突》来的正是时候，因为愤怒和暴力正主宰着人类的态度。马歇尔·卢森堡告诉我们怎样通过语言和沟通创造和平。这是一本非常出色的著作。"

——阿伦·甘地（Arun Gandhi）

美国圣雄甘地非暴力协会主席

"《用非暴力沟通化解冲突》对数十年以来的疗愈工作及和平工作进行了总结。无法说清哪些人可以从本书中获益，因为这本书真的会为我们所有人带来益处。"

——迈克尔·纳格勒（Michael Nagler）博士

《没有暴力的美国》《难道没有别的办法？寻找非暴力的未来》的作者

"《用非暴力沟通化解冲突》与其他非暴力主题的优秀著作的不同之处在于，对人性的复杂性有深层的探究。卢森堡给我们带来了来自全球的重要证据，我们如何说、说了什么，会反映出我们是怎样的人，体现出我们会变成怎样的人。"

——巴巴拉·E.菲尔兹（Barbara E.Fields）博士

全球新思维协会执行董事

"很多关于沟通的著作都有着强大的理论，但并不实用。马歇尔·卢森堡这本经典著作却是个例外，也因此脱颖而出。这本书逻辑清晰、令人信服，书中以吸引人的方式描述了各种有用的技巧和策略，非常发人深省。如果读过这本书的人数够多，我们的世界将会发生转化。"

——休·普拉瑟（Hugh Prather）

《关于释然的一本小书》《照耀》《清晨笔记》的作者

"《用非暴力沟通化解冲突》为我们带来了一份礼物，涉及非暴力沟通的精神、理论和经验，每一个寻求内心和外部世界和平的人，都可以从中受益。这本书与约翰·伯顿（John Burton）的《越轨行为、恐怖主义和战争》互为补充，告诉我们在解决问题的过程中怎样满足彼此的需要，以实现全球非暴力的生活环境。"

——格伦·D.佩奇（Glenn D. Paige）

《全球非杀戮政治学》的作者，全球非暴力中心的创立者

"《用非暴力沟通化解冲突》向我们展示，我们内心最深处对于和谐世界的憧憬，以及如何可以梦想成真。这本书通过故事和练习，告诉我们怎样简单而巧妙地创造和平——内心中、外部世界和组织机构中的和平。如果你希望为了创造更加快乐的世界贡献出自己的一点力量，不妨熟悉一下这种方法！"

——黛安娜·里奥（Diana Lion）

佛教和平友谊会副主席和监狱项目负责人

前言一

语言是一种强有力的创造性媒介。我们说出的话语反映了我们的思想和观念，定义了我们所生活的世界。

别人通过我们的话语来了解我们，因为话语传述了我们对生命的看法和自我的本质。我们说话的方式可能开启或关闭一扇门，带来疗愈或伤害，创造愉悦或痛苦，最终将决定我们幸福的程度。

当我第一次听到马歇尔·卢森堡的非暴力沟通时，我就知道，我遇到了一个有愿景，并有勇气实现愿景的人。当他分享他幽默而深刻的见解，以及因每个人的需要都得到满足而生命得以改变的鲜活故事时，他确认了我在心中早已所知的一件事——人与人一辈子活在正确的关系中是有可能的。

在这个充满了苦难与痛苦的时代，马歇尔为我们带来了一把钥匙。这把钥匙打开了一份礼物，让我们了解我们说话的方式如何影响自己和其他人的生活。他在书中给出了具体的例子，深入的认识，同时也提供多种工具，可以为任何有意愿进行沟通的冲突状况带来和谐。

在一次主要针对社会激进人士举办的非暴力沟通工作坊结束后，参与者与大家分享了自己转化愤怒后所体验到的宽慰和希望。过去，她那种充满愤怒的沟通交流方式使她无法有效为社会参与做出贡献。

当我们学会在这个冲突的世界中以话语创造和平，我们就转化了我们生活的世界，我们就成为了原因而不仅仅是个结果。我们的话语，将帮助我们创造出一个有益于每个人的世界，一个能够理解和活出非暴力沟通精神的世界。如果能有意识地这样生活，就能转化我们的生活动机，我们也会开始理解马歇尔话语的意味："……所有行为的唯一目的就是，为他人和我们自己的幸福由衷地作出贡献。"

《用非暴力沟通化解冲突》远远不只是一本励志类书籍。从这本书中，你会学到如何有效地参与个人、社会、全世界的改变。这是一本非常精彩的书，在这个不断发展变化的时代中，正是我们迫切需要的。和平来源于我们每一个人。谢谢你，马歇尔·卢森堡，你对构建和平的文化作出了重要的贡献。

——多萝西·J. 马韦尔（Dorothy J. Maver）博士

美国和平联盟与和平联盟基金会执行董事

从事和平文化教育工作，并倡议成立美国和平部

www.ThePeaceAlliance.org

前言二

在我坐下来写这篇前言，强调非暴力沟通的重要性时，全世界仍然处于 2005 年 7 月 7 日伦敦地铁爆炸案带来的震撼中。我们醒来得知"它"又发生了。我们看着暴力的画面，听着暴力的声音，感到与受难者和他们痛苦的亲人深深地维系在一起。

不管怎样，离爆炸现场千里之外，我们仍然能够感受到暴力带来的痛苦。我们又一次看到现实——炸弹撕裂脆弱的人体，摧毁人类宝贵的生命。虽然距离缓冲了震撼，但无论是在华盛顿市、在全美国，还是在世界各地，我们都感受到了恐惧的压碎力量。

在祝贺您手中握有这本书提供的非暴力沟通工具的同时，我试着想象真正作出"和平对话"到底需要付出多少代价。2005 年 7 月 7 日的暴力事件令我们感到震惊，但这类事件那么普遍、那么熟悉，根本就是我们生活中的一部分。有时我们会意识到自己跟受害者之间的关联，但在大多数情况下，我们似乎表现得很麻木——感受不到暴力带来的痛苦，也感受不到我们共同的人性之美。

就在伦敦爆炸案的前一天，在伊拉克的巴格达和费卢杰，同样有人类的生命被摧毁。我们也深受这场暴力的影响，却没有悼念那些受害者，也没有质疑这样的事情什么时候才会结束。我们往往只会注意到，那些早夭的生命看起来是否"像我们"。如果他们的穿着或者外表"像我们"，我们才会意识到，我们都具有同样的感受，把他们视为完整的人。否则的话，我们可能不会意识到，他们的生命同样宝贵。

在这本重要的著作中，卢森堡博士提醒我们："我们已经生活在这种毁灭性的神话中很长一段时间了，还配上一整套语言使人非人化，把人变成工具。"而且，他也为我们指出了一条走出黑暗的道路。他提醒我们，我们所说、所做的能够造成影响，在面对日益增长的暴力行为时，我们采取行动与否，将塑造这个世界和决定我们的未来。

我在冲突解决协会任职时，很高兴能与专业人士合作，日复一日致力于以创造性、建设性、不诉诸暴力的方式帮助人们解决冲突。在冲突调解这样一个不断扩大且重要的领域里服务，我们的成员了解到，冲突是生活中一个自然而健康的部分。我们绝不追求完全消除冲突，因为我们相信，冲突有助于个人和社会群体的成长。相反，我们希望能够更有效地应对冲突。卢森堡博士提供了一个富有创意的方法，告诉我们在这个充斥着暴力的世界中怎样沟通交流。

我赞赏那些务实的梦想家，他们始终追寻着一个更美好的世界，并为了实现那个世界而每日工作。也许通过我们的合作能够找到一条道路，引领我们走出暴力的黑暗，进入和平的光明。卢森堡博士为这个重要议题贡献了深刻的见解。他的观点充满洞见、激动人心，肯定也会激起争议的火花。即使他的观点与我并不完全相符，那也没什么关系。他并非寻求意见一致，而是促使我们展开一次鲜活的对话，关注自己的内心，并问自己可以扮演什么角色能让这个世界变得更美好。

非暴力沟通是解决我们每天面对各种各样问题的一种方法。当我满心戒备地走进美国华盛顿的地铁时，卢森堡博士，以及全世界像他这样不愿意接受以暴力回应冲突的现状的人，他们的努力带给我力量。

用心阅读这本书，细细领略其中的内容，让它成为自我发现和缔造和平的终身旅途中的一步。我们大家一起，一点一滴，一字一句，日复一日地努力，就可以真正实现"冲突世界中的和平之声"，这样做我们必能缔造更美好的未来。

——大卫·A.哈特（David A.Hart）
冲突解决协会（ACR）首席执行官

导　语

> *"我们需要一个更和平的世界，*
> *我们需要在更和平的家庭、邻里、社区中长大成人。*
> *为了保护和发展这样的和平，我们须爱着他人，*
> *甚至爱敌人就像爱朋友一样。"*
>
> ——霍华德·W. 亨特（*Howard W. Hunter*）

　　我很高兴能有这个机会，与你分享非暴力沟通（NVC）的宗旨和原则，并举例说明世界各地的人们如何在不同层面使用它。你将会看到如何在我们自身使用它，以及如何在家庭、工作、社会生活中使用它，以创造性地与他人建立高品质的连接。

　　和平对话就是没有暴力的沟通，是应用非暴力沟通原则的实际结果。它的说和听都围绕着两个对双方都非常重要的问题：**我们的内心在当下有什么样的触动？我们可以做些什么使生活更美好？**

　　和平对话是与他人建立连接的方法，让我们自然产生慈悲之心而滋养他人。在全世界——无论是陷入困境的家庭、运转不良的官僚机构，

▮ 向创造和平转化始于自我心态的调整。

▮ 我们所做的一切，都是为了满足我们的需要。

还是饱受战争之苦的国家——我想，没有比这更加有效的方式能够实现和平解决冲突了。事实上，应用非暴力沟通的原则说出平和的话语，对减少甚至完全消除冲突提供了保证。

对我们多数人而言，向和平的转化从调整自己的心态开始，作用于看待自己和他人的视角，以及满足自己需要的方式。从很多方面来讲，这种基础工作是非暴力沟通最具挑战的部分，因为那需要极大的坦诚和开放，学会以另一种方式来表达，克服以前根深蒂固的认识，不再强调评判、恐吓、义务、责任，惩罚或奖励、羞耻。这也许并不容易，但它的效果值得我们付出努力。

本书第一部分的重点在于非暴力沟通的方法，它提出的两个基本问题，会让你对非暴力沟通有个良好的概略理解，也会让你对非暴力沟通和你目前使用的解决问题的方法之间的区别有所体会。将非暴力沟通应用于你的生活、你的人际关系，以及更广泛地为了和平解决冲突而作出的努力上，肯定会为你看待世界的方式以及你的具体做法，带来重大的改变。

例如，非暴力沟通中的一个基本的概念——我们所做的一切，都是为了满足我们的需要——这并非来自主流思想。如果在我们观察别人时能应用这一概念，我们会了解到，我们没有真正的敌人，而其他人对我们所做的事情，是他们所知限度内，能够满足自身需要的最好的方式。

我们可以帮助他们意识到，要做到这一点，还有更有效且伤害较小的方式，不会因他们未能按我们想法行事而责备、羞辱或憎恨他们。通过非暴力沟通进行和平对话，绝不是要使我们无能为力，也不是通过压倒别人来满足自身需要，而是采用了一种我们称之为"协作"的策略。

本书第二部分讨论的是，当我们的动机是为了使生命丰富时，我们自身、我们对他人的看法、我们看待这个世界的方式，会出现怎样的变化。

本书第三部分将提供更多在社会工作领域更深入应用非暴力沟通的例子，以协助你实践非暴力沟通。我鼓励你和具有类似价值观的人组成小组，讨论怎样做到这一点，分享在面对无视你的努力的人时，又怎样使自己的需要得到满足。

除了所谓的"社会工作"之外，我们也要关注将非暴力沟通应用于社会中其他领域，如商业或学校。不管你应用在社会的哪种领域，总是有效，这种结果绝非偶然，是因为非暴力沟通的设计，是基于与他人连接的基本过程——清晰地观察，表达和接收感受与需要，清晰地表达请求。

非暴力沟通的由来

"我反对暴力，
因为当它看起来在行善时，这善是短暂的；
它所产生的恶却是永久的。"

——圣雄甘地（*M. K. Gandhi*）

　　我开始寻找新的沟通方式，是因为几个问题从童年时代起就一直萦绕于我的脑海中。我们一家人搬到美国密歇根州的底特律时，正好碰上1943年种族暴乱。在我家附近，大概四天内有 30 人被杀害。我们不得不连续四天都躲在房子里，完全不敢出去。对于当时还是个小男孩的我来说，这是一次非常震撼的教育。这是痛苦的一课，但它让我觉醒，意识到这是一个人们可能因为你的肤色而要伤害你的世界。

　　当我第一次上学时，我发现我的姓氏就能刺激人们对我动粗。于是，在我作为一个孩子逐渐长大的过程中，脑海中反复出现这样的疑问：到底什么在人的心里，让他们因为别人的名字、宗教、背景、肤色，而想要伤害别人？

　　幸运的是，我也接触到人类的另一面。例如，我的外祖母完全瘫痪了，平时是我母亲照顾她。而每天晚上，我的一个舅舅会到我家来，帮助我妈妈照料外祖母。他为外祖母清洗、喂她吃东西的时候，自始至终脸上都闪烁着最美丽的微笑。

　　因此，作为一个小男孩，我一直感到纳闷：为什么世界上既有像我舅舅这样的人，愿意为他人的幸福作出贡献，同时却也有另一些人，会对彼此使用暴力？当我需要决定将来从事哪一种事业时，我想要研究这些重要的问题。

最初，我选择了临床心理学，希望能从中找到这两个问题的答案。虽然获得了这个专业的博士学位，但所学有限，对这两个问题没有得到满意的答案。我更感兴趣的是，人类本来是如何生活的，什么能改变人们的暴力倾向。博士毕业后我继续自学，希望能够找到答案，为什么像我舅舅这样的人愿意为他人的幸福作出贡献，为什么另一些人似乎喜欢让别人受苦。

我与你分享的这些是来自几个不同的方向。最主要的来自研究我敬佩的人，看看他们究竟如何与众不同。为何当他们处在冲突之中，当周围的人表现出破坏性的行为时，他们依然乐意为他人的幸福作出贡献。

我和这样的人谈话，观察他们，学习他们的想法。我留意到底是什么帮助他们始终坚持着我认为的人类的天性——为彼此的幸福作出贡献。我对比较宗教学进行了一些研究，看看是否能从基本的宗教传统中学到一些东西。这些宗教似乎对我们本来是如何生活的见解看法相同。某些研究——例如卡尔·罗杰斯（Carl Rogers）针对人际关系疗愈的特性进行的研究——也对我有很大帮助。

我根据自己所希望的人类行为方式，把这些资源整合为一种方法。如果我能够为你解释清楚，我所寻找的这种方法的**目标**是什么，这种方法的具体步骤会更加有血有肉。因为非暴力沟通是把某种精神和具体工具整合起来，让这种精神表现于日常生活、人际关系以及社会活动中。因此，我希望在一开始首先阐明这种精神，稍后再讨论实现这种精神的技巧。

非暴力沟通的目的

"让我们所有人都记住这三条真理：
宽容的心、友善的言语、充满奉献和慈悲为怀的人生，
这才是人类延续下去的根本。"

——佛陀（*The Buddha*）

非暴力沟通中所蕴含的精神，与其说是帮助人类与神圣相连接，不如说是源自创造我们的神圣能量，我们与生俱来的愿意服务生命的力量。让我们与我们的内在生命相连接并与他人的内在生命相连接，这是一个鲜活的过程。

米尔顿·洛基奇（Milton Rokeach）是密歇根州立大学一位研究心理学的学者，他研究了世界上八种基本宗教，希望能了解，认真信奉其中某一种宗教的人，是否比信仰其他宗教的人更有慈悲心。他发现他所研究的八种宗教对于慈悲心的影响基本相当。

随后，他把这些人与没有宗教信仰的人相比较，结果发现没有宗教信仰的人更富有慈悲心！但他警告读者，要谨慎看待这一发现，因为在每种宗教中，都有两种完全不同的人。如果从中选择出一小部分人（我认为大约12%），这一小群人的慈悲心会远超过不上教堂的人。

例如，我曾经在巴勒斯坦的一个村庄工作，在一次课程结束时，一名年轻男子对我说："马歇尔，我真的很喜欢你的培训，但你知道，这并不是什么新东西，我不是要批评你的意思，但这确实只是应用了伊斯兰教的教义而已。"

他看到我开始微笑，就问："你为什么要笑？"

我说,"昨天我在耶路撒冷时,一位正统的犹太教宗教领袖告诉我,这是应用了犹太教的教义。同时,我们这项计划在斯里兰卡的领袖是一位耶稣会教士,他认为这属于基督教。"

因此,每一种宗教中那一小部分人的精神,与非暴力沟通所倡导的精神非常接近。

非暴力沟通是思想和语言的结合,同时也是一种有意识地使用力量的方法,用来服务于某个特定的目标。这一目标就是要与他人、与自己建立有品质的连接,让慈悲的给予能够发生。从这个意义上来说,这是一种精神上的实践——所有的行为都只为了唯一的目的,就是为自己和他人的幸福作出贡献。

非暴力沟通的主要目的是与他人建立连接,用的是一种能使给予发生的方式:慈悲的给予。它是慈悲的,因为我们的给予是由衷的,发自内心的。我们服务自己或他人,不是出于责任或义务,不是出于害怕惩罚或期待奖励,不是出于内疚或羞耻,而是出于人类的天性,我认为慈悲的给予是我们天性的一部分。非暴力沟通通过展现我们相互给予(和接受)的天性,来帮助我们彼此连接。

我相信乐于给予是人类的天性,我敢肯定,有些人听到这种说法,会怀疑我是否有点天真,完全不了解世间的暴力。看着世界上正在发生的一切,你怎么可能认为我们的天性是慈悲的给予?相信我,我亲眼看到暴力。我在卢旺达、以色列、巴勒斯坦、斯里兰卡这样的地方工作。

虽然我很清楚暴力行为的存在,但我并不认为这是我们的本性。在每一个我工作过的地方,我会请人们回忆一下,在过去二十四小时内,他们做过些什么事情,会使一些人的生活更加美好。他们思考了一分钟之后,我问:"现在,当你意识到自己的行为能够使某人的生活更美好,没有什么能比服务生命更令人快乐。

你感觉如何？”他们脸上都会浮现出微笑。这是普遍存在的现象，大多数人都喜欢给予他人。

当我们能意识到，我们有力量使生活更加丰富，我们可以如何服务生命时，感觉真好。我常常接着问这样一个问题："还有人能想到生命中任何别的事情，会比在这方面努力更令人感到满足吗？"我在世界各地都提出过这个问题，似乎每个人都同意，世上没有比用我们的努力来增进彼此幸福、来服务生命更好的事，没有比这样做感觉更美妙、更令人快乐的事。

既然这样，为什么还会有暴力呢？我相信，**暴力是来自于我们受到的教育，而非我们的天性**。我同意神学家沃尔特·韦克（Walter Wink）的观点，他认为，从人类文明萌芽——至少八千年以前——我们受到的教育都是在灌输"暴力可以得到愉悦"。这种教育使我们与自己慈悲的天性相脱节。

我们为什么会受到这样的教育？说来话长。我不会在这里详述，只能说它始于很久很久以前，一些关于人类天性的神话，认为人类从根本上来说是邪恶和自私的——美好的生活全靠英雄的力量粉碎邪恶势力。我们长期以来一直生活在这种毁灭性的神话中，同时配以一整套语言把人非人化，把他们变成工具。

我们向来被教导对彼此进行道德评判。我们的思想意识中充满了这些词语：**正确、错误、好、坏、自私、无私、恐怖分子、自由战士**。与这些评论相联系的，是我们"应得"什么的正义观——如果你做坏事，应该受到惩罚；如果你做好事，应该得到奖赏。不幸的是，很长很长的时间以来，这种思想意识，这种错误的教育，对我们产生了很大影响。我认为，这就是世界上暴力的核心所在。

非暴力沟通使我们更接近自己的天性。

　　相反，非暴力沟通是思想、语言和沟通的整合，我相信它能使我们更接近自己的天性。非暴力沟通帮助我们彼此连接，使我们回归真正有趣的生活方式，那就是为彼此的幸福作出贡献。为阐释如何在自己内在、人际关系和社会参与方面应用这种方法，我在全书都准备了很多练习，来帮你深入体会你所学的方法，甚至同时做实际应用。

　　例如，你想一个目前生活中的情况，某人的行为造成你的生活不那么美好。范围可以从轻微的恼火到让你怀疑对方人品的大事件。请选择一个真实的场景，我会让你看到，非暴力沟通如何协助你在这种情况下与他人建立起连接，最终使每个人的需要都能得到满足，让所有当事人唯一的目标都是为了使彼此的生活更加幸福，这其中当然也包括了满足我们自己的需要。现在，如果你心里已经想到了这个人，你将会看到非暴力沟通能怎样帮助我们。

　　无论我在全世界哪个地方组织工作坊，似乎总是会有当家长的需要对付一个两三岁的孩子。孩子究竟做了些什么使他们感到抓狂？当他们要孩子做某件事情时，这孩子会说一些可怕的字眼，像是"不要"。

　　"请把你的玩具放回玩具箱里。"

　　"不要。"

　　有人告诉我，跟他同住的人会说出可怕的话语，像是"你这样做会伤害我。"

　　有些我辅导的人面临更严重的问题，他们希望知道如何应用非暴力沟通。比如在卢旺达这样的地方，人们可能会想知道，"如果我知道邻居杀死了我的亲人，我该怎样面对他们？"

练习

　　如果你希望能够实际理解非暴力沟通的方法，我建议你从头到尾做完本书中的每一项练习。每一项练习都以之前的练习为基础。为了从这个经验中获益，你可以先回想一个与他人不愉快的互动，同时也考虑一下你希望在哪方面学习使用非暴力沟通。

　　无论这一刻你回忆起的是什么样的情况，无论是大事还是小事，把它写下来或者在心里记下来：一件具体的事情，某个人使你的生活变得不那么美好。可以是他们做了什么，或者没有做什么，他们说了什么，或者没有说什么。现在你已经注意到，这个人所做的一些事情令你感到不快，在阅读如何运用非暴力沟通这部分时，请想着这一点。

第一部分

非暴力沟通的四要素

PART I

"成长和转变最强大的原动力，是一种比任何技巧都更为基本的东西：心的改变。"

——约翰·威尔伍德（John Welwood）

SPEAK
PEACE
IN A
WORLD OF
CONFLICT

用非暴力沟通化解冲突

第 1 章
两个问题

"不要问自己，这个世界需要什么。

问问自己，什么会使你鲜活起来，然后就去做这些事。

因为这个世界需要的，就是充满生命力的人。"

——哈罗德·惠特曼（Harold Whitman）

非暴力沟通向我们展现，如何与内在鲜活的生命状态相连接。

非暴力沟通使我们的注意力集中在两个关键问题上。

问题一：我们的内在，鲜活的东西是什么？（相关问题是：我的内在，鲜活的东西是什么？你的内在，鲜活的东西是什么？）现在，这是个全世界人民彼此会面时都会提出的问题。他们用的不一定是完全一样的词语。用英语，人们常常这样说：你怎么样？（How are you?）当然，每一种语言都有自己独特的提问方式，但不管怎么说，这都是个非常重要的问题。

我们把它当作一个社交礼仪来提问，但它是个非常重要的问题，因为，如果我们希望过上宁静和谐的生活，如果我们希望增进彼此的幸福快乐，我们需要知道彼此内在鲜活的东西是什么。可悲的是，虽然大多数人都会在寒暄中问出这个问题，却没几个人真正知道该怎样回答，因为没有人教过我们生命的语言。

还没有人真正教过我们怎样回答这个问题。没错，我们问出这个问题，但并不知道如何回答。我们将看到，非暴力沟通帮助我们了解，怎样才能让别人知道我们内在鲜活的生命状态。它教我们怎样与他人内在鲜活的生命状态相连接，即使他们不知道怎样表达它。因此，这是非暴力沟通让我们关注的第一个问题。

第二个问题与第一个问题相连，是：我们能做些什么，使生活更美好？（相关问题是：你能做些什么使我的生活更美好？我能做些什么使你的生活更美好？）这两个问题就是非暴力沟通的基础：我们内在鲜活的东西是什么？我们能做什么使生活更美好？

现在，几乎每一位学习非暴力沟通的人，都会说两件事。第一，他们说，这多么容易，多么简单。我们只须把我们的沟通、我们的注意力、我们的意识，专注于内在鲜活的生命状态和能使我们生活更美好的事物上，多么简单啊。可他们说的第二件事是，这是多么困难。

那么，一件事情怎么能同时既简单又困难呢？其实我已经给了你一个暗示。这之所以困难，是因为我们已经习惯用一种与此截然不同的方式思考和沟通。没有人教过我们去体会我们内在鲜活的东西是什么。

所以，如果我们所受的教育，是要适应少数人统治多数人的结构，我们就被教导多去考虑别人——尤其是权威人物——对我们的看法。原因在于，如果他们判断我们是坏的、错误的、无能的、愚蠢的、懒惰的、自私的，我们就会受到惩罚。而如果他们给我们贴上好孩子、好学生、好员工的标签，我们可能会得到奖赏。我们接受的教育使我们从赏罚的角度来思考，而不是体会我们内在鲜活的东西是什么，什么会使我们的生活更美好。

让我们回到上一次练习，我让你想一个情景，某人的做法让你不喜欢。让我们看看非暴力沟通如何帮助我们让那人了解，我们内在鲜活的生命状态跟他们行为之间的关系。在非暴力沟通中，我们要诚实，可是我们要诚实而不使用含有错误、批评、侮辱、评论或心理诊断意味的词语。

第 2 章

我们如何表达内在
鲜活的生命状态？

弄清楚到底行为是什么，而不掺杂评判。

观 察

"单单只是看着，你就可以观察到很多东西。"
——尤吉·贝拉（*Yogi Berra*）

　　要表达我们内在鲜活的生命状态，这需要特定的方式来使用语言。首先，对于我向你提出的问题，你能够以不掺杂评价的方式回答。我曾请你想一件特定的事，某人做的你不喜欢的事。我把它称作一个**观察**。人们做出了什么我们喜欢或不喜欢的事？

　　这是沟通中的重要信息：为了向别人表达我们内在鲜活的生命状态，我们需要告诉他们，他们所做的哪些事正支持到我们的内在生命，以及他们做的哪些事不能支持到我们的内在生命。但是很重要的是，我们要学会如何不掺杂评论地表达这些内容。

　　例如，我最近在工作中遇到一位女士，她很在意她十几岁的女儿有某件事没做。于是我问："你女儿没有做什么事？" 她回答说："她很懒。"你能听出我的问题和她的回答之间的落差吗？我问的是她女儿**做**什么，而她告诉我的是她觉得女儿**是**什么。我对她说，给别人贴标签——评判他们是懒惰的——这会成为自我实现的预言。

　　我们使用的任何字眼，如果暗示别人是错的，都是对我们鲜活的内在生命状态悲剧的、自杀性的表达。之所以是悲剧的和自杀性的，是因为这样说话不会让人由衷地对我们的幸福作出贡献，反而会激发防御和对抗。

　　我刚学到这一内容时，非常吃惊，因为我看见我的头脑里的确充满评判会成为自我实现的预言。

了道德评判。我所受的整个教育都教我用评判的观点来思考。我在之前提到过，那些认为人类的本质是自私的、邪恶的理论让我们深受其害。因此，现行的教育体系就是让人们因为自己所做的事情而憎恨自己。这种理念意味着，你必须让他们明白自己是多么可怕，然后他们才会悔悟，并改变他们行事的错误！

在底特律长大时，我学会的就是这种语言。当我开车时，要是别人用我不喜欢的方式开车，我就想要教训他们，我会打开窗口，喊出一些诸如"白痴！"之类的话。按理他们应该感到内疚并且悔改，他们应该说："对不起。我知道错了。我已经认识到我这样做是错的。"

这种想法听来不错，但是从来没有效果。我想，也许这是因为我在底特律学到的是一种特殊的方言，但获得心理学博士学位之后，我学会了用更有教养的方式侮辱别人。所以，现在如果我开车时看到有人用我不喜欢的方式驾驶，我会摇下车窗大喊"反社会者！"，可是你看，仍然没什么效果。

告诉别人他们犯了什么错误，这是一种自杀性的、悲剧的做法——而且也毫无效果。我们希望能够直接针对别人的行为作出表达，且不掺杂个人评判。我曾经跟一些教师一起工作，他们与校长之间有些冲突。我问："他做了什么你们不喜欢的事？"

其中一个人说："他是个大嘴巴。"

"不，"我说，"我并没有问你他的嘴巴是大是小。我问的是他做了什么。"

另一个人说："嗯，我明白他的意思。他的话太多了。"

我说："你看，所谓'太多'也是一种评判。"

又一个人说："好吧，他认为只有他聪明。"

"你告诉我的是，你认为他是怎么想的，这仍然是一种评判。他**做了什么？**"

在我的帮助下，他们终于弄清楚行为是什么，而不掺杂评论，但是他们一直说："这真的很难。我们大脑中出现的每句话都是评论或判断。"

我说："没错，想要把这些从我们的意识中完全清除出去，并不容易。"事实上，印度哲学家克里希那穆提（Jiddu Krishnamurti）说过，人类智慧的最高形式，就是不带评论的观察。

教师们最后终于列出了一些行为。其中第一条就是，在教职员会议上，不管议程上有什么，校长都会把话题转到他的童年或战争经历上。结果，会议经常延迟结束。好，现在在有了对我的问题——他做了什么——的回答。这是个明确的观察，而不掺杂任何评价。

我问他们："有没有人曾经提醒他注意，说这种行为你们很在意？"

其中一人说："我们看到我们沟通的方式，是用评判的方式，我们没有做到仅仅说出这个具体的行为。难怪他戒心十足。"

这是表达我们内在鲜活的生命状态的第一步。这是一种引导他人注意力的能力——具体而明确——这个人做的什么事情我们是喜欢或不喜欢的，而不夹杂价值判断。

练习

看看你写下的内容，有没有掺杂任何评判？如果有，对于你想跟他谈的那件事，看你现在能不能很具体地，仅仅描述这个人所做的。现在，我们脑子里已经有了对于这个人行为的观察，如果我们使用非暴力沟通，我们要对他们坦诚。但是坦诚不是告诉别人他做错了什么。这是心的坦诚，不是意味着指出错误的坦诚。

感 受

> "我们的感受是通向知识的最真实的路径。"
>
> ——奥德瑞·洛德（*Audre Lorde*）

当人们做一些事情的时候，我们要进入自己的内在，并告诉他们，我们内在鲜活的生命状态是什么。这也跟另外两种表达方式有关。第一，它跟表达感受有关，第二，它跟表达需要有关。为了随时说清楚我们内在鲜活的生命状态，我们必须清楚自己的感受和需要。我们就从感受开始。

想象我们走到这个人面前，我们希望以诚相待，这就从告诉这个人我们的感受开始。把你想到这人做这件事时你的感受写下来。当他那么做的时候，你心中升起什么样的情绪？

我曾经帮助一名大学生与他的室友相处。我问："你不喜欢室友的哪些行为？"

他说："半夜我想睡觉的时候，他还开着收音机。"

"嗯，现在让我们把你的感受告诉他。他这样做的时候，你有何感受？"

他说："我感觉他这样做不对。"

我说："我没有说清楚何谓'感受'。'这样做不对'是对他人的评论。而我问的是，你的感受。"

他说："我不是说了'**我感觉**'吗？"

"嗯，没错，你用了一个动词'**感觉**'，但这并不意味着后面的内容肯定是感受。你产生了什么情绪？你有何感受？"

他想了一会儿，然后说："嗯，我认为，如果一个人完全不考虑他人，这证明他有人格障碍。"

我说："等等，等等，停下来。你还是在头脑里分析他的错误。我是要你进入你的内心，告诉我，当他那样做的时候你有什么感受。"

他真的努力体会了自己的感受，但是他说："嗯，我对那件事没有任何感受。"

我说："我希望那不是真的。"

他问："为什么？"

我说："那你就已经死了。"

我们每时每刻都会产生感受。问题在于，没有人教过我们怎样有意识地觉察我们内在鲜活的生命状态。我们的意识被导向多去注意那些外在的，一些权威认为的，我们的模样。

于是我说："感觉一下你身体的感受。他在深夜开着收音机时，你有什么感受？"

他真的向内观看，然后他的眼睛亮了起来，他说，"好，现在我懂你的意思了。"

我问："你感受如何？"

他说："恼火。"

"好，"我说，"行了。还有其他的方式来描述，不过这样就可以了。"

不过我注意到，坐在他旁边的女士似乎有点困惑，她是一位教师的妻子。她看着他问："你的意思是感到生气吗？"

我们可以通过不同的方式来表达感受，这取决于我们成长的社会环境，但关键是，要有一组描述感受的词汇，真正能描述我们内在鲜活的生命状态，而决不是对他人的解读。

这就是说，我们不使用像"我觉得自己被误解了"这类的措辞。那

> 有一组描述感受的词汇很重要。

> 我们产生感受的原因并不是来自其他人的行为。

其实并不是一种感受，而更像是对他人是否理解我们的分析。如果认为有人误解我们，我们可能会有气愤、沮丧或者各种不同的感受。同样地，我们不使用这样的说法，像"我觉得自己受到别人的控制"或"我觉得自己被批评了"。

在我们的培训中，那些句子不是我们所说的感受。可悲的是，很少有人有丰富的感受词汇，我在工作中经常会看到这种情况的后果。如果你希望有一组丰富的表达感受的词汇，请参见我的另一本书《非暴力沟通》中关于体会和表达感受的章节。

我经常听到这样的经典对白：工作坊里，可能会有一位女士走过来对我说："你知道吗，马歇尔，希望你别误解，我的丈夫是很棒的……"

我敢肯定，你也能猜到下面的话："**但我从来不知道他有什么感受。**"

我总是听人这样说。人们告诉我，他们跟父母一起住了很多年，却从来不曾真正了解父母心里的感受。住在一起，却无从得知他们内在鲜活的生命状态，这是多么可悲啊。那么，来看看你之前写下的内容。这些是否真正表达了你内在鲜活的生命状态和你的感受？要确保这不是对其他人的评判——或者他们是什么样的人。进入你自己的内心，对于其他人的所作所为，你有什么感受？

如果我们暗示，其他人的行为是造成我们这些感受的原因，就是在用破坏的方式表达感受。我们产生各种感受的原因，并非来自他人的行为，而是出于我们的需要。你所写下的对于他人行为的观察，是你产生感受的触发因素，而非感受的原因。我敢肯定，我们大多数人都曾经意识到这一点。

我六岁的时候，附近有人给我们起外号，我们就会唱："棍棒和石头可以打断我的骨头，但外号永远没法伤害我。"我们那时就明白，伤害你的并不是其他人的所作所为，而是你自己怎样对待这些事。

不幸的是，教师、父母等权威人士用内疚的方式教导我们，他们用内疚感促使我们去做他们希望的事情。他们可能会这样表达感受：

"当你不打扫自己房间的时候，你伤害了我。"

"你打了弟弟，让我很生气。"

人们通过教育想让我们认为，我们该为他们的感受负责，所以我们感到内疚。是的，感受十分重要，但我们不希望以这种方式使用感受。我们不希望通过引起内疚的方式使用感受。重要的是，我们表达感受的时候，要用清楚的陈述说出，产生这些感受的原因来自于我们的需要。

练习

　　根据他人所做的事情，写出下列内容。对于所发生的事，体会自身的感受，然后写下来："当你这样做的时候，我感到＿＿＿＿＿＿＿。"把别人在做那些行为时你的感受转化为文字。

如果一个人了解自身的需要，他就不会成为一个好奴隶。

需要

"了解人们的需要时，需要就已经满足了一半。"
——阿德雷·史蒂文森（*Adlai Stevenson*）

现在看看表达我们内在鲜活生命状态的第三项：需要。就像对很多人来说难以只去观察而不带评判，难以发展出一套词语来表达感受，要他们发展出一套词语来表达需要也是同样非常困难。许多人把需要跟负面的东西联系起来。提到需要，他们会联想起贫穷，依赖和自私。

我认为，这种想法也同样是来自于我们一直以来接受的教育，教育要人尽量适应权力结构，服从恭顺权威。我会在后面进一步谈到权力结构，但现在我们只需把它看作控制他人的组织就够了。绝大多数政府、学校、企业，甚至许多家庭，都是以权力结构的形态运转的。

关注自己需要的人的问题在于，他们不太容易受人奴役。我上了二十一年学，从来不记得有人问过我的需要是什么。我受的教育并不专注于让我更加鲜活、更深入触及自己和他人的内心。它的导向是奖赏我按照权威们的定义来作出正确的回答。

让我们来看看你用来描述自身需要的词语。重点是，别把需要和稍后会提到的话题混为一谈。

最近在研讨会上遇到一位女士，因为她的女儿不愿打扫房间而感到烦恼。我问："在这种情况下，你有什么需要没有得到满足？"

她说，"这很明显。我需要她打扫房间。"

从需要的角度，我们看到彼此的人性。

"不，"我说，"这是下一步。这属于请求。我现在问的是，你有什么需要。"

她说不出来。她不知道该怎样了解自己的内心，看到自己的需要。她又有一套语言来诊断女儿的错误，她的女儿是懒惰的。这是不幸的事，因为直到当人们看见别人的需要，才能促使他们由衷地给予——因为我们都能体会需要。所有人都有共通的基本需要。

当我们在需要的层面连接，很惊人地，那些看起来无法解决的冲突开始变得能够解决了。从需要的角度，我们看到彼此的人性。我帮助很多冲突中的人：夫妻、亲子、不同族群的人们。这些人中，很多都认为他们的冲突是不可能解决的。

多年来从事解决冲突的调解工作，我发现，如果可以让人们不再对彼此进行评判，而是从需要的角度彼此联系起来，往往会出现惊人的效果。当这事发生时，好像冲突几乎会自己解决。

写到这里，我们已经列出了描述自己鲜活的生命状态所必需的三种信息：我们观察到什么、我们的感受是什么，以及与感受相连的需要是什么。（这些都列在本书最后的附录中）

练习

根据他人的行为，以及你对此的感受，写出下面的内容。体会是什么需要使你产生了这些感受，这样写下来："我有这样的感受，是因为我需要
_____。"把你因他人的行为而未获满足的需要用文字表达出来。

第 3 章

我们如何能让生活更美好？

🔥 使用正向的可操作的语言提出你的请求。

请 求

"请求是接受的开始。确定你不是用一只小茶匙去舀海水。
至少带上一个桶，这样孩子们才不会笑你。"
——吉姆·罗恩（Jim Rohn）

现在，让我们来谈另一个基本问题：如何能使生活更美好？在你写下来的有关那个人的事件中，你已经记下了对他们的行为的感受，以及你未获满足的需要。为了回答第二个基本问题，怎样使生活更美好，你需要给出一个具体的、清晰的请求。你要向那个人提出请求，你希望他们做些什么来使你的生活更美好。

非暴力沟通建议我们使用正向的可操作的语言来提出请求。我来解释一下。正向的意思是说，要提出你**希望**其他人去做的事情，而非你**不希望**他们去做的事情，或者你希望他们**停止做的事情**。你要向对方提出一个具体的行动，希望他们做什么。如果清楚告诉人们我们想让他们做什么，而不是仅告诉他们我们不想让他们做什么，我们跟他人相处的状态会有所不同。

最近在一个工作坊里，一位教师给出了一个很好的例子。她说："哦，马歇尔，你刚刚帮我想明白了昨天遇到的事情。"

我问："什么事？"

她说："我给全班上课时，有个男孩一直敲着他的书。我说'你可以别再敲书了吗？'，于是，他开始敲他的课桌。"

你看，告诉别人我们不希望他们做什么，完全不同于告诉他们我们希望他们做什么。

如果我们的目标是要使别人停止做某些事情，惩罚似乎会成为一种很有效的策略。但是，如果我们问自己两个问题，我们就不会再使用惩罚了。我们不会再惩罚孩子，我们会创造一个并不因为罪犯的行为而惩罚他们的司法系统（一种纠正系统），我们也不会再因为其他国家对我们做出的事情而惩罚他们。惩罚是场输家的游戏。只要我们问自己两个问题，我们就能明白这一点。

第一个问题：我们希望其他人做什么？你看，我们问的不是自己不希望别人做什么。我们希望他们做什么呢？如果我们只问这个问题，也许会觉得惩罚有时仍然很有效。我们可能会回忆起曾经成功运用惩罚让别人按我们的意思去做的事例。但如果我们再加上第二个问题，惩罚就绝无效果。

第二个问题是什么呢？我们希望人们以何种动机来做我们想让他们做的事？像我以前提到的，非暴力沟通的目标是建立人与人之间的连接，人们彼此给予是出于慈悲——不是出于害怕惩罚，不是希望得到奖赏，而是因为我们在为彼此的幸福作出贡献时所感受到的自然的喜悦。

所以，当我们提出请求时，是从积极的角度来表达我们想要什么。在之前母亲要女儿打扫房间的例子中，我说："哦，这不是需要，也不是一个明确的请求。"于是我说："让我们先搞清楚需要是什么，然后就能知道怎样能更明确地提出请求。当你女儿的房间像现在这样的时候，你的什么需要没有得到满足？"

这位母亲说："我认为，既然每个家庭成员要成为家的一份子，每个人都必须对家庭作出贡献。"

我说："等等。先停一下，停一下。说出你的想法是对需要的一种扭曲表达。如果你希望你的女儿能看到这一要求的美好，她需要看到，如果她做了你请求的事情，生活会如何变得更加美好。那么，你的需要是什么？你的什么需要没有得到满足？"

这位母亲说："我不知道。"

听到这样的回答我并不感到惊讶，因为我在工作中遇到的很多女性，从小接受的教育就是让她们相信善良的女人没有需要。她们会为了家人而牺牲自己的需要。

同样，男性接受的教育是勇敢的男人没有需要。他们甚至愿意为了国王、为了政府、为了某个人牺牲生命。因此，我们没有发展出多少表达需要的词汇。如果我们并不清楚自己的需要，怎么可能提出明确的请求呢？

最后，在我的帮助下，这位母亲终于弄清楚了自己的需要是什么，而且她的需要不止一个。首先，这位母亲需要秩序和美。没错，她可以完全靠自己去满足这个需要，但这位母亲还有另一项需要，她需要一些支持，来帮助她实现她需要的秩序和美。

我说："好，现在来看看你的请求。让我们通过正向的可操作的语言把请求表达出来。告诉你的女儿你想要的是什么。"

她说："我跟你说过了。我希望她打扫房间。"

"这样还不够。我们必须使用可操作的语言。只说打扫太笼统了。我们必须以具体的行动提出请求。"

于是，这位母亲最终说，她希望女儿做的事情是铺好床，把要洗的衣服放在洗衣篮里（而非丢在地板上），把她在自己房间吃了东西的盘子放回厨房。这是个清楚的请求。

一旦我们提出这个清楚的请求，我们需要确保这些请求不会被人听成要求。之前我们已经谈到过批评——任何暗示对方犯了错误的话语，都会使沟通徒劳无益，使我们的需要无法得到满足。会严重破坏人与人之间关系的另一种沟通形式，就是要求。

练习

想象你对那人说了下面三点：

首先，表达你对所发生的事情进行的观察，不掺杂评论。

其次，你把自己对于这件事情的感受表达出来，不包含指责和批评。

第三，表达出在这种情况下你的需要，而不针对哪个特定的人或特定的策略。

现在，写下你打算说出的请求。比如："我希望你做_____。"你希望这个人做些什么使你的生活更美好？

请求与要求

"你一定要提出请求！在我看来，这是世界上最强有力的
——同时也是最受忽视的——能够实现成功和幸福的秘诀。"

——珀思·罗斯（*Percy Ross*）

我们需要提出清楚、果断的请求，我们也想要让其他人知道，这是请求，而非要求。二者有何区别？首先，区别并不在于你说话的态度有多么和蔼。如果我们对同住的人说："我希望你能把换下的衣服挂起来。"这属于请求还是要求？

我们不知道。从说话态度多么和蔼或多么清楚，你无法分辨请求与要求。请求和要求之间的区别体现在，如果人们没有回应我们的请求，我们会怎样对待他们。这一点会告诉别人，我们提出的是请求还是要求。

如果人们听到的是要求会怎样呢？有些人把请求听成要求的时候，会表现得很明显。有一次我对小儿子说："能不能把你的大衣放进衣橱里挂起来？"

而他说："在我出生以前，你的奴隶是谁？"

和这种人相处还是挺容易的。如果他们认为你的请求是一个要求，你马上会知道。但另一些人把请求当成要求时，他们的反应相当不同。他们会回答："好的。"然后根本不会去做。而最糟糕的情况是，人们听到了要求，回答："好的。"然后做了。但他们这样做是因为他们听到了要求，他们害怕不做的后果。

关于请求的意思，我再举另一个例子。我曾经在纽约一家医院里担任顾问，院方希望护士能执行某些关键的消毒程序。事实上，护士长告诉我，如果不遵守这些程序，甚至可能导致患者丧命。"然而，我们的调查表明，护士们没有按规定做的情况会占到一定的百分比。我们一再告诉他们，必须这样做。我们告诉他们，不这么做是很不专业的。"护士长如此说。

我已经很清楚他们为什么没做。很快我就会证实这一点，因为第二天我将与护士们会面。我对护士们说："昨天，有一点引起了我的注意，没有按规定执行消毒程序的情况占到了一定的百分比。你们意识到这一点了吗？"

一名护士说："我们有没有意识到？我们每星期都会听到这些话。"

"好，那么你也知道正在发生这种事……"

"没错。"

"你是否了解这些消毒程序目的何在？"

"当然。如果我们不执行消毒程序，人会死。"

所以，他们知道该做什么。他们也了解后果。我接下来提出了一个显而易见的问题："那么你们能不能帮我了解，是什么妨碍了你们那么做？"

我从每个人身上得到的反应是——沉默。最后，一位勇敢的护士开口说："嗯，我们忘了。"

你看，如果你认为一件事情是强加给你的，是对你的要求，就会很容易忘记。而当你没有按要求做的时候，你会受到批评。结果，当我问"你们忘了吗？"的时候，引发了热烈的讨论，他们对于院方提出这件事的方式感到非常愤怒。

想要获得的结果越重要——比如特定的生产标准，在这件事里关乎

> 提出清楚的请求，并使人们由衷地相信这是一个请求。

> 出于贡献的喜悦而做事。

人命时——越不能使用要求的方式。要提出清楚的请求，并使人们由衷地相信这是一项请求。而为了使人们相信这一点，他们需要知道自己可以不同意，并得到了解。

因此我们必须告诉经理、护士长等人，怎样提出清楚的请求，并能够倾听反对者，使提出异议的人感到安全。那样做的时候，你们就会达成一项每个人都会尊重的共识。这是我们在企业界、教育界，当然还有对父母授课时，讲到的一项非常重要的内容。

只要有人出于内疚、羞愧、职责、义务或者害怕受到惩罚去做我们要他们做的事情时，我们会为此付出代价。我们希望，人们同意我们的请求，是因为他们体会到一种我们所有人心中共有的神圣能量。这种神圣的能量显现在我们彼此给予时感受到的喜悦。我们并不是为了避免负面的后果才这样做。

当今有些人认为，除非要求并强迫人们按你说的去做，你不可能让你的家庭、企业、机构或政府运转良好，井井有条。例如，另一位我曾指导过的母亲曾对我说："可是，马歇尔，希望人们因为神圣能量而回应请求当然很棒，但小孩子怎么办？我的意思是，孩子必须先学会自己必须做什么、应该做什么。"

这位母亲虽然是出于好意，但她使用了两个我认为最具破坏性的概念：**必须和应该**。她不相信儿童和成人内在具有相同的神圣能量，不相信人们的行动可以不是因为规避责罚，而是因为能够感到为他人幸福作出贡献时的喜悦。

于是我对这位母亲说："希望今天我可以教你用更多请求的方式与孩子交流。让他们看到你的需要。他们不再因为他们认为非做不可而做事情。他们看到选择，然后出于内心的神圣能量而回应。"

她说："我每天都要做各种我讨厌的事情，但有些事你不得不做。"

我问："你可以给我举个例子吗？"

她说："好，这就是一个。我今晚离开这里后，就不得不回家做饭。我讨厌做饭。我痛恨这个活儿，但这就是我必须做的事情之一。我每天都要做这件事，已经干了二十多年。我讨厌做饭，但有些事情是你必须做的。"

显然，她做这件事并不是因为神圣能量，而是因为另一种意识。所以我对她说："希望今天我可以教你一种新的思维和沟通方式，帮助你重新找到与自己的神圣能量的连接，确保你的行为完全是出于神圣能量才做。然后你还可以让别人也看到这一点，从而他们的行为也是出于神圣能量。"

她学得很快。那天晚上她回家后，就向全家人宣布，她再也不想做饭了。我也从她的家人那里得到了反馈。大约三个星期后，我在一次培训中见到了她的两个儿子。他们在培训开始前来到我面前，其中一个对我说："我们希望能告诉你，自从我们的母亲来参加你的讨论会之后，我们的家庭中发生了多大的变化。"

我说，"哦，是吗？你知道，我一直对此感到好奇。她已经告诉过我，自从她学会出于某种能量而做每件事，而不是因为认为自己必须做才做，她的生活中发生了各种变化。我一直想知道这对其他家庭成员有什么影响。所以我很高兴你们今晚能来。比如说，第一天晚上当她回家说再也不想做饭时，你们有何感受？"

大儿子对我说："马歇尔，当时我在心里说'谢天谢地'。"

我问："让我了解你怎么会那么想。"

他说："我心想，**这样也许她就不会在每顿饭之后都抱怨了**。"

当我们做事不是出于我们每个人内心的神圣能量，使慈悲的给予自然而然的发生，如果我们做事只是出于文化中习得的做事模式，因为我

们应该 / 必须 / 不得不去做，为了奖赏或者出于内疚、羞愧、职责、义务……那么，每个人都会为此付出代价。每一个人。

非暴力沟通建议我们要清楚：除非出于神圣能量，否则不要回应。如果你发自内心地想要做这件事，你会知道的。如果你的主要动机是为了使生活更美好，即使艰苦的工作也会充满喜悦。

如果人们听到的不是请求，而是要求，会出现怎样的情况？我刚开始了解非暴力沟通时——我自己也刚刚开始弄清楚这些——我已经为人父母，但仍然满脑子来自学校的陈旧想法。所以，我花了一段时间才从混乱中挣脱出来，因为，即使我努力确保自己提出的是请求，我的孩子们仍然很容易把它们当作要求。也许你还记得，我的小儿子说，当我要他做某件事时，他觉得自己像个奴隶。

在我使用非暴力沟通前，这个儿子跟我在家曾有过每周两次的"垃圾大战"。垃圾大战是什么？就是我给他的家务活引发的战争。我说："我希望你承担起倒垃圾的家务。"这是一个要求，因为我认为孩子应该做些家务，所以我没有告诉他，这样做能满足我的什么需要。我告诉他的是，他必须做什么，只是我会态度和蔼地提出来。"这是你的任务，我希望你能去倒垃圾。"但由于他把这当作命令，我们之间每周都会爆发两次垃圾大战。垃圾大战怎么开始的呢？只要我叫一声他的名字"布雷特！"这就开始了。

那他是怎么打这个仗的呢？他待在隔壁房间里，假装听不见我的话。然后我会使战争进一步升级。我放大音量喊他，他就没法假装听不见了，"布雷特！！"

"做什么？"

"垃圾还没倒。"

"你观察还真敏锐，爸爸。"

"去倒垃圾。"

"我等会儿再去。"

"上次你也是这么说的，但你最后也没去。"

"那并不代表我这次不会去。"

你能想象花这么多精力只是为了每周倒两次垃圾吗？每周两次，一周接着一周，这一切只是因为我没有意识到自己提出的是要求。当时我还不知道请求和要求之间的区别。

后来，我开始学习非暴力沟通，有一天晚上我和他坐下来，听他说为什么没倒垃圾。他说得很清楚，这是因为他听到的是一个要求。

这件事帮我弄清楚请求和要求之间的差异。例如，还是这个孩子，下雪的时候，他会跑到街角一位严重残疾的女士的房前。她无法走路，但可以开车。可是，如果她的车道堆满了雪，她就没法出门了。他会去那里用铁锹铲雪，花一个多小时帮她清通车道。他从来没有告诉过她是谁做的，从来没有索取报酬。

我们家也有一段短短的步道需要铲雪。但我从来没法让他去干这个活，我很想知道他为什么会为邻居去做这一切。其实显而易见：为邻居铲雪，是出于神圣能量，给予别人是喜悦的。而我把他置于权力结构之中：我是你父亲，我知道你应该做什么。

最后需要我们清楚区分的一组概念是"**操控**"与"**协作**"。**操控别人把事情完成**是使人顺服。你可以惩罚或者奖赏。这是**操控**。它是一种微弱的力量，因为你必须为此付出代价。研究表明，采取操控策略的很多公司、家庭或学校，都因为士气低落、暴力问题、对抗组织的小动作，而间接付出代价。

协作则是让人们自愿去做事，因为他们看到这样做会增加每个人的幸福。这就是非暴力沟通。我们发现协作是鼓舞人们的最有效的方法之一，我们尽量让他们看到，我们对他们的需要和对我们自己的需要同样关心。

我们越是能够诚实而不带批评地看问题，我们越能与人建立**协作**关系。如果我们分享权力而非指出人们的错误，他们也会更加关心我们的幸福。

练习

看看你之前记录下来的情况和对那人的请求。是不是有可能你的请求被看作操控呢？你能采取什么步骤与他们建立协作关系，从而增大心甘情愿回应你的可能性？你可以如何重写请求，来体现正向的可操作的语言特征？

第二部分

应用非暴力沟通

PART 2

"人最后的自由，就是选择自己态度的自由。"

——维克·弗兰克尔（Viktor Frankl）

SPEAK

PEACE

IN A

WORLD OF

CONFLICT

用非暴力沟通化解冲突

第 4 章
自己内在的改变

通过自我教育而成长

> *"教育不是为生活做准备；教育就是生活本身。"*
> ——约翰·杜威（*John Dewey*）

现在，我希望与大家分享，非暴力沟通怎样帮助我们改变以下方面：

· 我们的内在

· 行为与我们的价值观不协调的人

· 我们所生活的社会结构

在前文中我已提到，非暴力沟通的目的在于创造人与人之间的连接，让慈悲的给予得以发生。我也阐明了这样生活时必需的基本表达方式，也就是对感受、需要、请求的表达方式，如何让表达成为赠予人们的礼物，使他们能够看到我们鲜活的生命状态。

当他们能够看到做什么可以让生命更美好，意识到这是他们的一个机会，来由衷地为我们的共同幸福作出贡献时，这就是一份礼物。我也谈过如何通过倾听建立的连接，来接收到来自他们的这份礼物，即使这些人正在使用相当粗暴的语言。

在考虑非暴力沟通如何帮助我们做出改变时，请记住这一点：我们希望人们的改变是因为他们看到更好的方式来满足他们的需要，这种方式代价更低，而不是因为害怕如果不做我们会惩罚或责备他们。首先，让我们来看看改变如何在我们内在发生，然后是如何在那些行为不符合我们价值观的人身上发生，最后是如何在运转方式不符合我们价值观的社会结构上发生。

首先是我们自己：想一个你最近犯下的错误，你真的希望当时没有那样做。然后再想一想，如果我做了些追悔莫及的事情，该如何教育自己？也就是说，你对当初的行为感到懊悔时，会对自己说些什么？

在我不久前办的培训班上，我们学习非暴力沟通如何应用于我们的内在，从自己的不足中学习，而不失对自己的尊重。一位女士告诉我们，那天早上来参加培训班之前，她冲着自己的孩子们大喊大叫。她说，她真希望当时没有对孩子说出那些话——当她看着孩子的眼睛，才意识到孩子多么受伤。我问了她这样一个问题："在那一刻，你是怎样教育自己的？你对自己说了什么？"

她说："我对自己说，**我是个多么可怕的母亲**。我告诉自己，**不应该这样对我的孩子说话**。我心想，**我到底怎么了**？"

不幸的是，很多人都是这样教育自己的。他们教育自己的方式，也就是权威人士不喜欢我们所做的事情时，教育我们的方式。他们会责备我们、惩罚我们，这种方式已经在我们心里内化，成为我们的一部分。结果，我们经常会通过内疚、羞愧以及其他暴力、强制手段来教育自己。我们知道自己正在这样做。我们怎么才能辨认出，自己正在通过暴力的方式教育自己呢？

有三种感受会告诉我们：沮丧、内疚和羞愧。我认为，很多时候我们感到沮丧并不是因为自己有缺点或者出了问题，而是因为我们受的教育让我们通过道德判断、自我责备来教育自己，就像那位母亲的想法一样。她告诉自己，因为她冲着孩子们喊叫，她肯定有问题，她是个坏妈妈。

顺便说一句，我经常告诉人们："如果你想知道我对地狱的定义，

🔥 学会看到评判背后的根源：你的需要。

🔥 学会哀悼你的行为，而没有责备，没有内疚。

那就生个孩子，同时相信世界上存在完美的父母。"你会把你的大量生命花在沮丧上，因为这实在是太难了。我们会一再去做一些后来希望不曾做过的事情，这件事很重要。我们需要学习，但不要憎恨自己。通过内疚和羞愧来学习，代价太大了。对于那种学习，现在已经来不及从头再来，我们一直接受这样的训练，通过暴力的评判来教育自我。

在培训中，我们会教你当你这样做的时候，怎样才能敏锐地觉察到，你正在对自己这么说话。你会发现，这就是你教育自己的方式——责骂自己，想着自己有什么问题。我们会教你如何看到评判背后的根源：你的需要。也就是说，这些行为没有满足你的什么需要？

我也问这位母亲同样的问题："你那样对孩子说话时，你的什么需要无法得到满足呢？"在我稍微帮助下，她碰触到了自己的需要。

她告诉我："马歇尔，我真的需要尊重别人，尤其是我的孩子。那样对孩子说话，使我对尊重的需要无法得到满足。"

我说："现在，你的注意力集中在自己的需要上，你有何感受？"

她说："我很悲伤。"

我说："把这种悲伤的感觉与你几分钟前的想法——你是个糟糕的母亲，还有你对自己的其他评判——比较一下，感觉怎样？"

她说："这几乎像是一种甜蜜的痛苦。"

"没错，因为这是一种自然的痛，你明白的。"

当我们碰触到因我们的行为而未能满足的需要，我把它称为哀悼——哀悼我们的做法。但这种哀悼不是责备，不认为那样做是我们有什么问题。当我帮助人们做那种连接，他们通常用与她相似的方式描述那个痛。与我们通过责备、评判来教育自己时所感受到的沮丧、内疚、羞愧相比，这几乎是一种甜蜜的痛苦。然后，我请她想一想，她当时那认识到你所做的事情满足了你的什么需要。

样做有什么好的理由。

她愣了一下："咦？"

我重复了我的请求："让我们来看看，你那样做有什么好的理由。"

"我不明白你的意思。你是指我像那样对孩子们大喊大叫吗？你所说的'**好的理由**'是什么意思？"

我说："我们要意识到，我们有好的理由才会去做一件事，这一点很重要。"我相信任何人做任何事情都有一个好的理由。好的理由是指什么呢？为了满足一项需要。我们所做的**一切事情**都是为需要服务的。

于是我说："你那样对孩子说话，是希望满足什么需要？"

她说："你是说，那样做是正确的？"

"我并不是说那样对孩子说话是正确的。我的建议是，我们要认识到自己的行为是希望满足什么需要。如果能做到两件事，我们就能从中获益良多。首先，要看到行为未能满足什么需要。其次，要了解我们所做的事情是希望满足什么需要。如果我们能把注意力集中在这两种需要上，我相信，这样会加强我们从局限中学习的能力，而不失去对自己的尊敬。"

"那么，你当时对孩子说出那些话，是希望满足什么需要？"

她说："马歇尔，我真的需要我的孩子能够在生活中获得保护——如果这个孩子学不会用其他的方式行事，我真的很担心以后会发生什么。"

"嗯，你真的需要你的孩子幸福，而且你想要为此作出贡献……"

她说："那样做太可怕了——用大喊大叫来满足这一需要。"

"嗯，我们已经了解到，你内心的一部分也不喜欢自己所做的事情。这样做无法满足你尊重他人的需要。现在，我们需要认识到，你所做的事情满足了你的什么需要。你关心这个孩子，你希望能保护这个孩子的幸福。"

"没错。"

"我相信，以后如果我们能问问自己，怎样才能同时满足这两项需要，我们也许能学会更好地应对其他状况。现在，你已经意识到这两项需要，你是否可以设想一下，怎样以不同的方式表达自己？"

她说："是的，是的。哦，没错。我明白，如果我能早些了解这些需要，我会通过完全不同的方式来表达自己。"

这就是我们如何教人们对自己使用非暴力沟通。如果我们做出了自己不喜欢的事情，首先第一步是哀悼，倾听自己有何种需要未能得到满足。要做到这一点，我们必须经常"听透"那些我们惯用的评判背后的需要。这样的话，我们就能充分利用我们的沮丧、内疚和羞愧。我们可以把这些感受当作一个闹铃，提醒自己，此时此刻，我们没有真的与我们的生命相连接——生命的定义就是与需要有所碰触。我们的大脑还在玩暴力的游戏，责骂自己。

如果我们能够学会，怎样通过倾听来连接自己未能得到满足的需要，然后看看自己想要满足的需要，这就为了解自己和他人内在鲜活的生命状态做了更好的准备——并采取必要的步骤使生活更美好。

一般来说，倾听自己的需要并不容易。如果我们向内心观看，说出当时做那些事的时候，自己的内在是什么状态，我们往往会告诉自己："我不得不这样做，我别无选择。"这绝不是事实！我们永远都有选择。我们所做的事，没有一件不是自己选择的。我们选择那样做，以满足一项需要。非暴力沟通非常重要的一部分就是在每时每刻都辨认出选择，每时每刻的行为都是我们选择的。而且，我们所做的每项选择都是为一个需要而服务的。这就是非暴力沟通在我们内在运作的方式。

对自己的"错误"做自我倾听

> "让我们为自己拥有犯错特权的尊严而高兴，
> 为我们能够认识到错误的智慧而高兴，
> 为容许我们把错误的光亮转化为未来道路上的明灯而高兴。
> 错误是智慧的成长之痛。
> 没有错误，就没有个人的成长、没有进步、没有胜利。"
>
> ——威廉·乔丹（William Jordan）

许多人感到有深深的痛苦围绕着他们做过或经历过的事。为了帮助人们处理痛苦的根源，我们首先要做的是，让他们意识到，到底自己认为是什么造成了他们的痛苦。

在这一点上，非暴力沟通与精神病学家托马斯·沙茨（Thomas Szasz）在其著作《精神病的谜团》中提出的原则非常一致。没错，有些人的生理问题会影响心理上的幸福感，但绝大多数人所谓的心理疾病，仅仅是因为他们"学成"了一种会使人产生强烈心理不适的思考和沟通方式。这并不意味着他们病了，而是意味着他们一直以来学到的思考和交流方式，会使生活变得非常悲惨。

所以，我们帮助人的第一步就是教人从自己的错误中学习，而不会失去自尊。或者，用我们底特律人的话来说，是怎样享受把事情搞得一团糟的乐趣。方法是先想一项错误。我们不希望完美的人来参加工作坊，因为我们不希望有人来了却无事可做！

我们帮助人的第一步就是请人们回忆一下自己曾经做过而不喜欢的

"应该"这个词会带来强烈的痛苦。

事。然后，我们请他们列出一些对自己说过的话语。你知道，人们对自己所说的话是非常残暴的——并不仅仅在球场上会这样。最常见的，永远排在第一位的评判，是"你这**笨蛋！**"。现在我会告诉你，世界上有很多笨蛋。还有另一类人会使用一个暴力的词语——人类发明出来的最暴力的词语之一：**应该**。"我不应该这样做的。我本来应该更敏锐一点。"

"应该"这个词语直接来自暗示有好有坏，有应该和不应该的暴力游戏。如果你没做"应该"做的事情，就"应该"受到惩罚，如果你做了正确的事，就"应该"获得奖励。这会带来强烈的痛苦。所以我们希望人们注意，当他们感觉自己并不完美时，会对自己说些什么。这让他们想起了许多往事。

他们会意识到，他们在对自己重复小时候他们讨厌父母对他们说的话："你早该想清楚"，"你粗枝大叶"，"你太笨了"，"你很自私"，"你有什么毛病？"……他们意识到，现在当他们感觉自己还不够完美时，仍然会以同样的方式自我教育。他们所做的第一件事就是用非常残暴的话语来骂自己。难怪市面上销售的药品中，抗抑郁药占了41%的比例。教人在犯下错误时责怪自己，就会有很多人把他们的大量生命花在沮丧之中。

为了帮助人们超越**"应该"**带来的痛苦，我们首先要帮助他们意识到这种想法的存在。然后让他们知道，这种想法是对一个未满足需要的悲剧性表达。这意味着，你所做的事情不能满足你的一个需要，若能察觉自己的哪个需要未得到满足，就可能从中学习，因为你开始具体设想如何更好地满足自身需要而不失自尊。所以，我们首先要让人们认识到，他们正在使用多么残暴的语言责备自己，然后教会他们怎样把这些语言翻译成需要的语言。

通过倾听连接他们内在鲜活的生命状态。

在这里，我们教人们如何在所谓"犯错"时用倾听来连接内在鲜活的生命状态。换句话说，要明确他们的行为是为了满足什么需要。一个相当典型的例子，一位母亲在讨论会上说："今天在我来参加培训班之前，我出门已经晚了，而且很不应该地对孩子大喊大叫。我对此感到内疚。我肯定是个糟糕的妈妈。"

"所以，你对于自己大喊大叫是这么想的，认为自己是个糟糕的妈妈？"

"是的。"

然后我们帮她明确："你说自己是个糟糕的母亲，不应该做出那种行为，表达出哪些需要没有获得满足？"

"我希望尊重所有人，尤其是我的孩子们。"

"那么，这就是你未能得到满足的需要？"

"是的。"

"现在你有何感受？"

"嗯，变得不太一样了。我感到难过，但不那么沮丧了，也不那么生自己的气了。"

"很好。现在想一想，你当时那样做是希望满足什么需要？"

"哦，我不想找借口。"

"不，实际上有很好的理由。你这样做的原因与任何人做任何事的原因都一样：使用你当时知道的最佳方式满足一项需要。你的需要是什么？"

"嗯，我希望能准时到达，尊重你和小组里其他成员。"

当我们帮她弄清楚，她尊重他人的需要无法通过守时来满足时，她感受到绝望。我们发现，如果人们可以通过这些方式倾听自己，那么，即使之后他们又开始批评自己，也知道怎样把这些批评转换成未获满足的需要。当人们能练习倾听自己，他们就可以更好地从局限中学习，而不失去自尊——也不会感到内疚或沮丧。

事实上，我认为，如果我们无法倾听自己，也就很难倾听他人。如果我们仍然认为，犯下错误是因为我们有问题，那么，如果别人做事时出错，我们会怎么想呢？当我们可以倾听自己，真正用让生命丰富的方式与真实的自我保持连接，我们就能听到或感到我们的做法让我们的哪些需要尚未得到满足，在这一点上，我们同样可以看到，我们那样做是在尝试满足我们什么样的需要。如果把注意力集中在我们的需要上，就能更好地满足需要而不失去自尊，同时也更能避免评判其他人的言语或行为。

非暴力沟通帮助我们学习如何在实际行为与期望的行为相冲突时，创造我们内在的和平。如果我们暴力对待自己，怎么可能为创造和平的世界作出贡献呢？和平从我们的内在开始。我并不是说，在关心外界世界之前，或从事广阔的社会工作之前，必须把我们的内心完全从暴力中解放出来。我的意思是，我们需要同时兼顾内外。

🔥疗愈是靠谈论此时此刻、现在发生的事。

疗愈旧伤——哀悼与道歉

"没有时间哀悼的人，也不会有时间修补。"
——亨利·泰勒爵士（*Sir Henry Taylor*）

疗愈常常发生在我们的培训中。这一般发生在八九十个人的面前，可以说，许多人见证了这个方法的效果。常有参加的人告诉我，他们在三四十分钟内从我这里得到的收获，甚至超过了他们六七年的传统心理治疗。

首先，我们很少谈到，甚至根本不会提到过去发生的事情。我发现，谈论过去的事情，不仅不利于疗愈，甚至往往会使痛苦更加持久和强烈。这就好像再度活在痛苦里。这又一次与我以前接受的心理分析训练背道而驰，但多年的经验让我明白了，疗愈是靠谈论此时此刻、现在发生的事。当然，它会受过去的刺激，我们不否认过去对现在的影响，但我们也不"困"于其中。

我是怎样做的呢？我扮演的角色常常是过去激起别人许多痛苦的人。往往是他们的父母。我会扮演童年时殴打或性骚扰他们的父亲。我和这个人坐在一起，他（她）已经为此痛苦了很多年，而我的角色是扮演一个激起了痛苦，但同时懂得非暴力沟通的人。我首先以倾听的方式问他："我以前所做的事情，在你内心里留下了什么，依旧是鲜活的？"你看，我们并不打算进入过去，谈论我做过什么，而是谈论那件事所引发的、当下他（她）内在鲜活的生命状态。

通常对方并不了解非暴力沟通，所以不知道如何让我知道他们内在鲜活的生命状态，而是用评判的方式表达："你怎么能做出那种事？你知道，你真的很残忍。父亲怎么能那样殴打孩子呢？"我一开始会说："所以，我听到你说＿＿＿＿＿。"然后我用非暴力沟通把他们的话转换为他们的感受和需要。在扮演父亲角色的过程中，我使用倾听的方式与他们的痛苦相连接，即使他们表达得不太清楚。

在非暴力沟通中，我们知道，所有这些评判都是对这个人在此时此刻的感受与需要的悲剧性表达。所以我继续扮演下去，直到他们内心还能深切感受到的痛苦被全然地了解为止。然后，等他们接收到所需要的全部了解之后，我就哀悼——仍然是以父亲的角色。不是道歉，而是哀悼。

非暴力沟通让我们看到哀悼和道歉之间存在着巨大的差异。道歉基本上是我们的暴力语言中的一部分。它暗示着错误——你应该被指责，你应该忏悔，你的所作所为说明你是个糟糕的人——当你自己也同意自己是个差劲的人，当你做足了忏悔，你才可以获得原谅。**对不起**就是这其中的一部分。如果你恨自己够多，你就可以被原谅，你懂的。

相反，真正的疗愈不是那个同意自己糟糕的游戏，而是深入自己的内在，看到你的哪些需要因为这行为而未能满足。当你跟那些相连接，你会感受到一种不同的痛苦。你感到一种自然的痛苦，一种引领你学习和疗愈的痛苦，而不是对自己的恨，不是愧疚。

因此，扮演父亲的角色时，我倾听女儿的痛苦，然后我会哀悼。比如我也许会说："看到我当时处理自己的痛苦的方式，激起了你这么多的痛苦，我感到非常难过。我的需要并没有因此得到满足。我的需要恰恰相反，是为你的幸福作出贡献。"哀悼差不多是这样的。

哀悼之后，下一步是父亲为女儿描述当他过去做出那些可怕的事情时，他内在鲜活的东西是什么。这时我们会回到过去，但不是为了谈论当时发生的事情，而是要帮助女儿看到，父亲当年那样做的时候，他内在鲜活的生命状态是什么。

在某些情况下，父亲可能会这样说："我在生活的很多方面都痛苦不已——我的工作不顺利，我觉得自己一败涂地——所以当我看到你和你弟弟还在吵吵嚷嚷时，除了那么残暴地对你之外，我想不到还能怎么做才能缓解我的痛苦。"如果父亲可以诚实地表达出自己内在鲜活的生命状态，女儿也能倾听，能看到他的内在，疗愈的程度就会很惊人。令不少人感到惊讶的是，所有这一切可以发生在一个小时之内——满满一屋子人面前。

练习

回忆一个仍旧带给你痛苦的过去的人或事。在这一刻，你内在鲜活的生命状态是什么？那些相关的人当时可能的鲜活的生命状态是什么？

第 5 章

通过倾听与他人
建立连接

"人并没有织出生命之网，他仅仅是网中的一根线。他对网做了什么，就是对自己做了什么。一切都绑在一起，一切都相连。"

——西雅图酋长（Chief Seattle）

我们现在已经看到，要如何表达出自己内在鲜活的生命状态，怎样能使生活更加美好。我们知道，这需要观察、感受、需要和清楚的请求。但这些仅仅是步骤。非常重要的事就是要明白，当这种步骤为心灵的目的服务时才有力量，服务于创造人与人的连接，让人们的回应是出于神圣的力量、慈悲的喜悦、给予的喜悦。如果我们的意图并非如此，就会错过事情的全部。

例如，一位母亲在讨论会的第二天说："我昨晚回家试了，但是马歇尔，它没效果。"

我说："那么让我们从这次经历中学习。你是怎么做的？"

她告诉我，她面对一个没有按照她的希望做事的孩子，是怎样表达自己的。她完美地应用了那些步骤。她做了非常清楚的观察，表达出自己的感受、需要和请求。但孩子仍然没有去做。

我说："那么，你说没有效果是指什么？"

"嗯，"她说，"他没有去做。"

"哦，你对没有效果的定义，就是他没有按你希望的去做？"

"是的。"

"即便你使用了那些步骤，但这并不是非暴力沟通。重点不在这儿。记住昨天我说过，非暴力沟通的目的在于建立有品质的连接，让我们出于慈悲给予的喜悦而彼此给予。并不只是得到你想要的。"

"哦，"她说，"也就是说我只能自己去做家里所有的家务活了？……"

她犯了一个很多人都会犯下的错误，认为如果无法让别人按照我们期望的去做，那么唯一的选择就是放弃和放任，听任事情陷入混乱状态。我告诉她，如果我们能按照我所说的方式彼此连接，每个人的需要都能得到满足。但如果他人感觉到，我们唯一的目的就是希望他顺从我们的要求，事情就不同了。这会把我们的请求变成要求。

回应他人的信息

"我们不可能只为自己而活。千条线把我们与他人相连，顺着那些线，那些让我们心灵相通的连接，我们的行动是因，回向我们的是果。"

——赫尔曼·梅尔维尔（*Herman Melville*）

让我们来考虑另一种情况，你已经按照非暴力沟通中定义的诚实来对待另一个人。这个过程已经完成了一半，即学会怎样通过这种方式表达出我们的想法。过程的一半是学会如何表达自己，相对而言过程的另一半则是如何回应别人的信息。

让我来告诉你，很多人害怕敞开心扉、袒露自我之后会发生什么事。很多人都害怕，如果他们诚实地展现出自己内在鲜活的状态，说出怎样令生活更美好，其他人会随意评判他们。别人会告诉他们，有这些感受、需要和请求说明他们有问题。他们害怕会听到别人说，他们过度敏感、要求太多、颐指气使。当然可能会发生这种事情。在我们所生活的世界里，人们确实可能这样想，如果我们真正坦率、诚实，我们可能反而会被品头论足。不过好消息是，非暴力沟通会告诉我们怎样处理可能的任何回应。

有些人害怕沉默。他们说："如果我敞开心扉、袒露自我，而其他人什么都不回答，该怎么办？"我们可以对此做好准备。还有很多人害怕一个小小的字：不。他们说："如果我敞开心扉，说出我的希望和需要，而其他人回答'不'，那可怎么办？"看看你写的东西。我们会做好准备应对任何可能的回应。

如果你正试图从智力上理解他人，你就不是真正与他们同在。

非暴力沟通的另一半内容告诉我们，**怎样用倾听的方式与别人内在鲜活的生命状态建立连接，以及怎样能使他们的生活更美好**。倾听基础上的连接有着非常特殊的意义和目的。当然，倾听是一种特殊的了解。这不仅仅表示我们的头脑用智力了解另一个人所说的内容，倾听的深度远胜于此，也更加宝贵。

倾听基础上的连接是一种心的了解，我们能够看到其他人内在的美，看到他们内在的神圣能量和鲜活的生命状态。我们通过这些彼此连接。我们的目标不是知识上的理解，而是用倾听彼此相连。这并不是说，我们必须和别人产生同样的感受。看到别人处于不安之中，我们感到伤心，这是同情。而倾听不意味着我们必须都有同样的感受，而是意味着，我们与他们在一起。这种有品质的了解需要有人类所能给予的最宝贵的礼物之一——我们当下的临在。

你看，如果我们正试图运用头脑来理解他人，此刻我们并不是真正与他们同在。我们只是坐在一边分析他们，但并没有跟他们在一起。倾听基础上的连接，涉及连接那人此刻鲜活的生命状态。再看一看你之前对那人可能做出怎样回应的预测。

比方说，你告诉老板，他连续三天要求你留下来加班做额外的工作，这使你十分沮丧。你感到沮丧是因为，你还有其他约定和需要。于是你已经诚实地提出了不想加班的理由，最后提出明确的请求，比如问他是否可以找别人帮忙做今晚的工作。

你已经很诚实，并表现出自己的弱点，但现在让我们想象一下，老板对你说："如果你想要失业，我照你说的做。"现在你有何选择？让我来告诉你，当你面对他人传达的各种信息时，你会做出什么选择。

选择一：你可以把它的矛头指向自己，就好像你的请求代表你自己有问题。所以，如果老板这样回答你，你马上会想，我太自私了，或者，我不是个好雇员。你会把老板所说的话当作自己的问题。

我们一直以来接受的教育就是，如果权威们说我们错了，我们就认为自己确实错了。我建议你永远永远不要听从他人对你的看法。我敢说，如果你从来不相信人们对你的看法，你会活得更长、更快乐。永远不要把它当作针对自己的因由。

我们第二个选择是，当有人像那个老板一样对我们说话时，就用他们所说的话评判他们。我们可以这样想，或者大声说，**这不公平，真是愚蠢**等等。我们会因为他人对我们所说的话而责备他们。我建议别这样做。我的建议是，对别人说的任何话语，学着使用倾听建立连接。要做到这一点，你必须了解他们内在鲜活的生命状态。

乔什·巴兰（Josh Baran）最近的一本书，题为《365 此时此地的涅槃：时刻沐浴在光中》，其中引用了我对倾听的论述。作者摘录了一段我将倾听与冲浪所做的比较。我认为，倾听就好像骑在浪头上，与某种能量相连接。不过这种能量是一种神圣的能量，每时每刻都活生生地存在于每个人的内在。

不幸的是，我们很多人一直以来被教导的思维方式，把我们与这种神圣能量隔绝开来。但在我看来，倾听就是通过他人与那种能量连接起来。这是一种神圣的体验。我感觉自己似乎真的随着神圣能量而流动。当两个人那样连接时，任何冲突都能解决，每个人的需要都会得到满足。

如果我们能教会人们，去倾听那些来自其他文化、做出我们不喜欢的行为的人，我们会找到各种方式来和平解决我们的分歧。因此，倾听是一种美好的体验。用倾听处理外交关系，而非平常的敌对方式，也会有力地推进和平。

不幸的是，这个世界需要很多很多的疗愈。

　　现在，如果我们可以倾听另一个人内在鲜活的生命状态，疗愈效果是惊人的。不幸的是，这个世界需要很多很多的疗愈，因为人们在痛苦中，我经常被叫去帮助那些被不同信仰的人所伤害的人们。

　　例如，我曾经帮助一位来自阿尔及利亚的女士，曾经有些人不喜欢她和她的朋友的穿着，就把她拖到外面。他们把她的朋友绑在一辆车后面拖行致死，而她被强迫眼睁睁地看着这一切。然后，他们把这个女人带进屋子里，在她的父母面前强奸了她。那些人打算第二天晚上回来杀死她，但幸运的是，她找到一个电话，打给了我在瑞士日内瓦的一些同事，他们有帮助人们摆脱困境的技能。

　　他们把她救了出来，打电话给我说："马歇尔，你能否见见这个女人，给她做一些疗愈？她痛苦的要命。现在她已经在瑞士待了两个星期，日日夜夜都在哭。"

　　我说："好的，今晚带她过来。我很愿意帮助她。"

　　他们说："有一件事你得知道，马歇尔，她害怕自己会杀了你。"

　　我说："你告诉过她，我会扮演那人的角色，但我其实并不是那个人？"

　　"没错，她明白这一点。但她说，即使只是想象你是那个人，她也可能会伤害你。马歇尔，关于这个女人，还有一点你得知道：她个子相当大。"

　　我说："谢谢你的警告。"想到我和她语言不通，我说，"嗯，告诉她，我会带个翻译。他是一个来自卢旺达的男人，参加我下午的培训，因为他也经历过暴力，我想那些事不会吓到他。问问她，和我们两人一起待在房间里做治疗是否觉得安全？"

　　于是我和她见了面，扮演那些只是因为不喜欢她和她朋友的衣着和行为而对她做了那些事的宗教极端主义者的角色。这花了很长一段时间。她把她感受到的痛苦朝着我喊叫出来，喊叫了大约有一个半小时。我通过非暴力沟通的方式倾听在那一刻她的心中深深的痛苦。这时她冲着我大叫："你怎么能那样做？"

我说："我愿意告诉你我那么做的时候心里的状态，但我要先告诉你，看到你的痛苦，我现在感到多么难过。"我首先哀悼，然后告诉她，导致我那样做的内在的状态是什么。她吃了一惊，说："你是怎么知道的？"

我问："你指的是什么？"

她说："这几乎和他说的话一模一样。你是怎么知道的？"

"我之所以会知道，是因为我就是那个人，你也是，我们都是。"

在我们人性的核心，我们每个人都有着同样的需要。所以，当我为人们进行疗愈的时候，我不需要用头脑去思考另一个人在想什么。我只需把自己放在那个角色上，就可以说出，我那么做的时候内在状态是什么。在她经历过那一切之后，听到这些话，疗愈的效果是惊人的。我一直与她保持联系将近 8 年了，我知道，这个疗愈的过程会自行持续下去。

练习

为了帮助我们了解，非暴力沟通建议怎样对他人做出回应，让我们回到你的情景中，并运用你的想象力。想象一下，你要尝试我们学过的东西。你决定去找这个人，对他们坦诚，用四个步骤回答两个问题。把我之前要你写下的四点内容告诉他们：他们做了什么你不喜欢的事，你有何感受，你的什么需要未能得到满足，你的请求是什么。现在，预想一下他们可能做出怎样的回应，然后写下来。

第6章
看到他人的美

"爱，无非就是在别人身上认出我们自己，是认出的喜悦。"

——亚历山大·史密斯（Alexander Smith）

🖋学会用倾听建立连接，你就会听到，他们一直都在唱着一首优美的歌。

非暴力沟通为我们指明了一条道路，以找出他人内在鲜活的生命状态。它也教会了我们在任何时候，无论他们做了或说了什么，要看到一个人内在的美。你已经看到这需要与其他人此时此刻的感受和需要建立连接。这就是他们内在鲜活的生命状态。当我们这样做的时候，我们会听到他们在唱着一首优美的歌。

我在美国华盛顿州的一所学校里辅导一些十二岁的孩子，告诉他们怎样用倾听与人们建立连接。他们希望我讲讲怎样面对家长和教师。他们害怕，如果敞开心扉、袒露自我，会得到怎样的回应。其中一名学生说："比如说，马歇尔，我坦诚地对待一位老师。我说我还是不明白，问她'能不能再讲一遍？'可是老师说'你都没有听吗？我已经讲过两遍了。'"

另一个年轻人说："昨天我向爸爸提出了一些请求。我想告诉他我的需要，但他说，'你是家里最自私的孩子。'"

所以，这些年轻人都迫切希望我能告诉他们，怎样与他们生活中那样说话的人，用倾听建立连接。他们现在只会把那些矛头指向自己，认为是自己有问题。我告诉这些学生，如果你能学会用倾听与他人建立连接，你就会听到，他们一直都唱着一首优美的歌。他们是在邀请你去看看他们内在鲜活而美好的需要。我让他们知道，如果在那个时刻能与其他人的神圣能量相连接，在人们传达给你的每一条信息的背后，你都能听到他们内在鲜活而美好的需要。

这方面的另一个例子是，我曾经到过一个与美国不和的国家的难民营。这里大约聚集了一百七十人，而当我的翻译说到我是个美国人时，其中一个人跳起来冲着我尖叫："杀人凶手！"

另一个人跳起来喊道："杀孩子的凶手！"

又一个人喊："谋杀犯！"

尝试用一种方式来连接，让那人知道你关心他们内在鲜活的生命状态。

我很高兴当时我已经懂得非暴力沟通。这使我能看到这些话语背后的美，看到他们内在鲜活的生命状态。

在非暴力沟通中，我们倾听每一句话语背后的感受和需要。于是我对第一个男人说："你感到愤怒，是因为你需要支持，而我的国家没有满足你对支持的需要？"

现在这种情况使我必须试着体会他的感受和需要。我可能会做错。但即使我们是错的，如果我们真心诚意地努力连接那个人的神圣能量，即他们在那一刻的感受和需要，就会让那人看到，无论他们用何种方式与我们沟通，我们都关心他们内在鲜活的生命状态。如果人们能相信这一点，我们就容易建立起连接，最终使每个人的需要都得到满足。

这并没有马上发生，因为这个男人正处于极大的痛苦中。我之前猜得没错，因为当我问出这个问题："你感到愤怒，是因为你需要支持，而我的国家没有满足你？"他说："你 #!@&%! 说得没错！"又补充道，"我们没有污水处理系统。我们没有住房。为什么你们只送来武器？"

我说："那么，先生，如果我没听错，你是说你感到非常痛苦，因为你需要污水系统和住房，但送来的却是武器，这使你感到非常痛苦。"

他说："你 #!@&%! 说得没错。你知道在这样的条件下住了二十八年是什么感受吗？"

"那么，先生，你是说这非常痛苦，你希望有人了解你生活在怎样的状况之中。"所以，我听到的是这个人内心的感受，而不是他嘴上说的我是个杀人犯。当他相信我是真心诚意地关心他的感受、关心他的需要时，他也会开始倾听我的话语。

然后我说："你看，现在我很沮丧，我从很远的地方来到这里。我希望能提供一些帮助，但我现在担心因为你们已经给我贴上了美国人的从我们的眼睛他们就能感受到，我们是否真的想与他们建立起连接。

无论他们如何回应，试着与他们的内在鲜活的生命状态相连接。

标签，你们就不打算听我说话了。"

他问："你想对我们说些什么？"

这时他也愿意听我说话了。

但我必须看到那些辱骂背后的那个人。一个小时后，这位男士邀请我去他家享用斋月晚餐。顺便说一下，现在我们在那个难民营里有所学校。我们把它叫做非暴力沟通学校。我每次到那个地区去，都会受到热诚招待。

如果我们能与彼此内在的人性连接，能与任何话语背后的感受和需要连接，就能产生这样的效果。这并不表示我们总是需要大声说出来。有时候，对方的感受和需要非常明显，我们不需要再说出来。从我们的眼睛他们就能感受到，我们是否真的想与他们建立起连接。

注意，这并不需要我们同意其他人的看法。这并不意味着，我们必须喜欢他们所说的话。这意味着，我们要赠予他们一个珍贵的礼物：我们的临在。此时此刻我们与他们内在的鲜活状态在一起，我们对它有兴趣，真诚地有兴趣。我们并不是把这些当作心理学技巧来做，而是因为我们想要在此时此刻，与这个人内在的美相连接。

现在，让我们整理一下这个过程，看上去就像这样：我们可能这样与别人开始一次对话，告诉他们我们内在鲜活的生命状态是什么，我们希望他们做些什么使我们的生活更美好。然后，无论他们如何回应，试着与他们的内在鲜活的生命状态相连接，了解怎样做可以使他们的生活更美好。保持沟通的流动，直到我们找到能够满足每个人的需要的策略。

我们要总是确保，无论人们就哪一种策略达成一致，他们之所以赞成，是因为希望为彼此的幸福作出贡献，而不是出于那些需要避免的原慢慢来。

因——比如害怕惩罚和内疚等等。很多人相信，这种做法不适用于某些人。他们相信，有些人太顽劣，无论你使用什么样的沟通方式，都不可能达到那一点。但就我的经验来说，并非如此。

我并不是说这种连接会立刻发生。例如，我在工作中曾经与世界各地的一些囚犯谈过，其中有些人可能需要相当长一段时间，才能真正相信我是真诚地希望了解他们内在鲜活的生命状态。有时候我很难保持在那个状态，因为我自己所处的文化环境，自小就没有教过我怎样流畅地以这种方式交流，因此学习这种方法会是一项巨大的挑战。

我记得，在我刚开始学习非暴力沟通时，有一次，我和我的大儿子起了冲突。我对他的话的第一反应，不是要和他内在鲜活的生命状态建立连接，和他的感受和需要建立连接，我只想跳起来告诉他，他是错的。我不得不深深地、深深地吸一口气。我需要体会一会儿现在我的状态，我需要看到我与他之间的连接已经断开了，然后我再次把注意力转向他，说："所以，你的感受是……"以及"你的需要是……"，试着与他建立起连接。

接着他又说了一些话，再次把我激怒，我不得不放慢速度、深呼吸，才一次又一次地回到与他的内在状态相连接的状态。当然，所有这些比平时的谈话花了更长的时间，他还有些朋友正在外面等着他。

最后，他说："爸爸，你花了这么多时间来谈话。"

我说："告诉你我怎么说会比较快：'按我说的做，否则我就踢你的屁股。'"

他说："那还是慢慢来，爸爸，慢慢来。"

所以，非暴力沟通需要我们慢慢来，使沟通是来自于我们的神圣能量，而不是在我们的文化中习得的模式。

第 7 章

你想要改变什么?

"进步不可能没有改变，那些不能改变自己想法的人，什么都改变不了。"

——萧伯纳（George Bernard Shaw）

❡一旦我们的目的是希望某人停止做某件事情，我们就会失去力量。

　　如果我们希望自己的努力能够产生效果，实现社会参与，意识到我们需要改变自己的内在，是非常有帮助的。当我们那样做的时候，也需要看看自身以外的世界，我们希望看到这个世界发生怎样的变化。让我们来看看一些改变，以及非暴力沟通如何帮助我们。

　　对我们来说，有些人的行为方式很明显让我们受到惊吓。我们称之为罪犯的那些人……他们会偷窃、强奸。如果我们对周围人的行为感到反感，甚至恐惧，我们该怎么办？怎样改变这些人，或者促使他们作出改变？这就是我们需要真正学会应用"修复性"正义的地方。我们需要学会，在他们行为不合我意的时候不去惩罚他们。

　　正如我之前曾经说过的，惩罚无法为任何人带来好处。我们希望人们改变自己的行为，但不是因为他们害怕继续这样做会受到惩罚，而是因为他们看到了其他的选择，能够以更低的代价，更好地满足自己的需要。

　　在瑞士的一次讨论会上，我希望能为一位母亲讲明白这个问题。她问："马歇尔，我怎么才能让我的儿子戒烟呢？"

　　我说："你的目标就是让他戒烟吗？"

　　她说："没错。"

　　我说："然后，他会继续。"

　　她说："呃？你是什么意思？"

　　我说："一旦我们的目的是要某人停止做某件事情，我们就会失去力量。如果我们真的希望有力量创造改变——无论是改变自身、改变他人，还是改变社会——我们需要出于怎样使世界变得更好的意识。我们希望人们能看到如何能更好地满足需要，而代价更小。"

　　让我们来看看怎样把这一理念应用于她和她的孩子身上。她因为担如果人们认为我们唯一的目的就是要改变他们，将很难实现改变。

心他的健康而非常痛苦。他吸烟已经两年了，他们几乎每天都会为这件事吵架。她的目标是让他戒烟，她希望通过向他强调吸烟的可怕后果，来实现这一目标。她问："马歇尔，在这种情况下，非暴力沟通可以怎样帮助我呢？"

我说："嗯，我希望我们已经把第一件事弄清楚了。你的目标并不是让他停止吸烟。而是**帮他找到其他方式，能够以更小的代价满足他现在通过吸烟来满足的需要**。"

她说："这很有帮助，这真的很有帮助。但我怎么跟他说呢？"

我说："我建议首先真诚地与他沟通，告诉他，你明白对他来说吸烟是他能做的最好的事情。"

她说："呃？你是什么意思？"

我说："如果吸烟不能满足他的需要，他不会吸烟的。因此，如果我们能够诚恳地用倾听与他想要满足的需要建立连接，他会看到我们明白我们了解他为什么抽烟。我们不会因此而评判他、责备他。如果人们感受到那种品质的了解，他们会更开放地听到其他的选择。如果他们认为我们唯一的目的就是要改变他们，或者，如果他们觉得因为行为而受到指责，他们很难做出改变。所以，第一步是对他诚恳地说，你明白他那样做，是他所知道的满足自己需要的最好方式。"

这位女士午餐后回来时，眼睛在发亮，真的，闪闪发光。她说："马歇尔，真的很感谢你今天上午教我的东西。中午，我和我的儿子做了一次最棒的沟通。我给他打了个电话。"

我说："哦，给我说说。"

那位女士说："我打电话回家时，是他13岁的弟弟接的电话。我说，'快，叫你哥哥来听电话。我想和他谈谈。'"

> 当人们感到自己获得了解时，他们会更容易对其他可能性敞开心扉。

> 找到其他更有效、代价更低的方式来满足你的需要。

我那 13 岁的儿子说："嗯，好的，嗯，他在后门廊。"我知道他正在吸烟，因为我们就吸烟这个问题已经争吵了两年多，至少他答应，如果要吸烟会到外面去吸，不会在屋里。于是我对 13 岁的儿子说："没关系。只要告诉他，我想和他谈谈。"

然后，15 岁的儿子来接电话说："干嘛？"这位母亲说："我今天学到一些东西跟你吸烟有关，我想和你谈谈。"

"谈什么？"

她说："我意识到，这是你可以做的最好的事。"

这时我对那位母亲说："其实你所做的与我的意思并不完全一致。我真正的意思是，通过用倾听建立的连接来沟通，表示你了解。"

她说："哦，哦，我明白，马歇尔。我懂。但是，你知道，我了解这孩子，我真的觉得，只要我告诉他，我看到吸烟是他能做的最好的事情，我就能更快地接近他。"

"好，"我说，"你了解他。那么，后来发生了什么？"

她说："马歇尔，后来发生的事极为玄妙，尤其是如果你知道我们已经为这件事吵过多少次的话。他先是沉默了很长一段时间，然后说：'我并不是很确定。'"

你看，一旦人们不再认为我们唯一的目标就是想改变他们，也就不需要抵抗这一目标，一旦他们感到自己所做的事情得到了了解，他们会更容易对其他可能性开放。

例如，当我在监狱中工作时，也采用同一原则。如果有人做了什么我不喜欢的事情，我会试着首先用倾听与他们要通过做那件事满足的需要建立连接，一旦我了解那些，我会建议寻找其他更有效、代价更低的方式来满足他们的需要。

我曾获邀到美国华盛顿的一所监狱，帮助一名年轻男子，他因为性侵儿童已经第三次入狱。我想先用倾听建立连接，看看他对孩子做出那些事情的那一刻，他内在的生命状态是什么。所以我提议我想知道他那么做的时候内在的状态——并问他，他那样做是在尝试满足什么样的需要。当我问出这个问题时，他看起来目瞪口呆。

他说："你这是要问什么？"

我说："我敢肯定，你这样做一定有好的理由。这是你第三次因为这个罪名而入狱。不用我说吧，性侵罪犯在监狱里的日子可不怎么好过。"

"你 # & $% 说得没错，肯定不怎么样。"

"是啊。所以，很明显，如果你一定要做出那种事，甚至付出如此惨重的代价，那肯定满足了你的一些需要。让我们来找出你的需要吧，因为我相信，只要我们能了解这些需要，就能找到另一种更有效、代价更低的方式来满足这些需要。那么，你的需要是什么？"

他问道："你是说我所做的事情是对的么？"

"不，"我说，"我并不是说这是对的。我的意思是，你这样做的原因，就和我做任何事情的原因一样，是为了满足某种需要。那么，这样做可以满足你的什么需要呢？"

他说："我会做出那些事，是因为我是粪土。"

"不，现在你想的是你是什么。你觉得自己是粪土已经有多久了？"

他说："我一辈子都这样认为。"

我说，"这能让你不做这件事吗？"

"不能。"

"所以我认为，批评自己并不能满足你的需要，或者你周围人的需要。但我觉得，如果我们首先了解一下你那样做是为了满足什么需要，最终每个人的需要都能得到满足。"

很显然，他需要我提供一些帮助，因为没有人教过他去想他的需要是什么。他待过的几个监狱、学校和一个家庭，都令他感觉自己像个粪土。他所接受的教育是思考自己是什么，而非自己的需要是什么。我们一起找到了很多需要。让我给你举一两个例子，这些需要可以展现出一个人的内在。

首先，他把那些孩子带到他的公寓里，待他们很好。给孩子们看他们喜欢的电视节目，给他们喜欢的食物。我问："这样做能满足你的什么需要？"我们发现，这名男子一直非常孤独。他对于社区、连接、陪伴的需要从未得到过满足。为了满足这一需要，他所能找到的最好办法是：把这些孩子带回家，善待他们。当然，他不必进行性侵也完全可以满足这一需要。

然后我们转到性侵："这样做能满足你的什么需要？"我们花了一段时间才搞明白这个问题，因为想让他看到自己的内在并不容易。他意识到，他这样做的需要是理解和倾听。

孩子们眼睛中的恐惧，会使他觉得受害者能够理解他的感受，理解儿时被父亲性侵时的感受。他并没有意识到，那就是他的需要。他不知道还有什么别的办法能满足那种需要。而一旦我们明确认识到这一点，显然，除了恐吓儿童之外，还有其他很多方式可以满足这一需要。

这是我们如何对行为不合我意的人使用非暴力沟通的方法。我首先用倾听连接到他们的做法想要满足的需要。然后我会让他们知道，他们所做的事情使我的什么需要无法得到满足——他们的言行举止使我感受到恐惧或不舒服。然后，我们会探索其他更有效而代价更低的方式，同时满足我们双方的需要。

《 非暴力沟通的做法与修复性正义的原则是相通的。

《 用倾听连接他人的苦难。

这个例子也说明了，为什么非暴力沟通的做法，与修复性的原则是相通的。其内在逻辑是，如果我们真的希望实现和平与和谐，我们必须找到重建和平的方法，而不仅仅是惩罚坏人。我们的培训与这些原则是相当一致的。有时候，修复性正义也体现在我与受到虐待的人的会谈中。

例如，有个人被强暴过。我们并不是简单地根据施暴者的所作所为而惩罚他，而是在双方同意的情况下，尝试修复性正义。往往这人是在监狱里，可以选择是否参与修复性正义。

怎么做呢？我首先帮助受害者表达出她们所经历的痛苦。她们的痛苦往往很深很深。而且她们并没有参加过我们的培训，不知道怎样通过温和的方式表达。被强奸的女人可能会朝着这个人非常激烈地喊叫："我希望你去死！我要你受尽折磨！你是头猪！"

然后我会帮助做这件事的人用倾听与受害者的痛苦相连接，真切听到那个人痛苦的程度。他们并不习惯这样做。他们想要做的第一件事就是道歉。

他们会说："我很抱歉。你知道……"

我会打断说："不，等一下。想想我刚才说了什么。首先是倾听。我希望你能告诉她，你完全了解她的痛苦有多深。你可以重复一下她的感受和需要吗？"

他们不能。我说："让我来重复一遍吧。"我把她所说的一切转换成她的感受和需要。然后我帮助另一方听到这些内容。被强奸的受害者体验了强奸者的了解。然后我帮助他哀悼自己的所作所为。并不是道歉，那太容易了。我帮助他看到自己的内在，看到当他看到另一个人的痛苦时自己的感受。这需要深深地进入内在。这是个非常痛苦的过程，但也是一种疗愈的痛苦。所以，我要帮助他做到这一点。

当然，受害者也在场，她会看到这个人真诚的哀悼，而不仅仅是道歉。然后我问："当你这样对待她时，你的内在是什么状态？"我帮他表达出自己的感受和需要，也帮助受害者倾听了这些。这时候，这两个人跟刚进来的时候已经截然不同了。

有关那个做事不合你意的人，想想看，他们是否有其他方式满足自己的需要，而不伤害你。使用我们学过的方法，写下你会怎样向他们表达这些选择。

第 8 章

应对帮派和其他权力结构组织

权力支配社会很擅长定制人们的思维方式，把他们变成善良的死人。

我们是如何走到这地步的

"当人们决心认定自己的状况不佳，他们也受够了这种感觉，受够了这个世界的方式，下决心改变自己的时候，这个世界就会变得更好。"
——西德尼·马德维德（Sidney Madwed）

我们已经了解到，非暴力沟通会怎样帮助人实现内在的转变，以及改善与他人的关系。我们也知道这需要一种"对需要的觉察"。它要我们觉察到，所有的指责和评判——就像我是粪土，我是酒鬼，我是上瘾的人——都会阻碍学习，让人很难学会以更有效且代价更小的方式生活。现在让我们来看看，这种觉察如何应用在更广的范围。

先来读点历史。历史神学家沃尔特·温克（Walter Wink）等人称，大约八千到一万年前，由于种种原因，出现了神话，说好生活就是好人惩治并征服坏人。这样的神话似乎可以支撑人们生活在以国王和沙皇为首的专制制度下。这样的制度，我把它称为**权力支配社会**（有些人认为自己是优越的，可以控制别人），它很擅长定制人们的思维方式，把他们变成善良的死人，使他们去做别人要他们做的事。

女人们会相信好女人没有需要，她们要为家人牺牲自己的需要。勇敢的男人们没有需要，他们愿意牺牲性命来保护国王的财产。同时，我们也发展出相互评判的思维方式，暗示奖罚都是合理的。我们以**报应性**原则为基础创造出司法系统，进一步强化了奖罚是应得的观念。我相信，这种思维和行为方式，就是世界上暴力的核心所在。

如果你希望维持专制制度，一种很有用的办法是，教育人们相信有

🖌 帮派就是行为不合众意的团体。

些事情是正确的，有些事情是错误的，好的、坏的，自私的、无私的。谁知道这些都是什么意思呢？当然是那些处于权力顶端的人。这样，你的思维被定制，开始担心权力金字塔上位置比你更高的人会怎样评判你。

想要培养出这种思维定式并不难，因为这只需要切断与自己和他人内在鲜活生命状态的连接——让他们担心别人会怎样评判他们。所以，生活在这样的制度下，我们发展的语言让我们与自己，我们与他人断开，这一切使慈悲变得非常困难。

现在我们仍然有专制社会，只是寡头政治代替了国王。统治我们的不再是某个人，而是一个我所谓的帮派。在很多社会参与的努力中，比起个人行为，我们似乎更关注团体行为。在我看来，帮派就是行为不合众意的团体。有些帮派自称为街头帮派。但他们并不是我最害怕的。

另一些帮派自称跨国公司。还有些帮派自称政府。这后两类帮派所做的事情，往往与我的价值观相冲突。这些帮派控制了学校，其中大多数希望教师教给学生，世界上存在正确的和错误的、好的和坏的东西。他们希望学校能让学生为了奖励而努力，这样以后就可以被雇用去做那些毫无意义的工作，每天工作八小时，这会用去他们四十年的生命。

这基本上与以前组织机构相同，我们只不过是用帮派代替了国王。如果希望进一步了解这个问题，我建议阅读 G. 威廉·多姆霍夫（G. William Domhoff）的著作《谁在控制美国？》。他是一位政治学教授，为写这本书曾两次丢掉工作，因为帮派中的人财力雄厚，他们不愿意资助教授教育公众去了解他们的帮派。

我说这些并不是认为权力系统中的人从一开始就是坏人，蓄意操控

> 非暴力沟通的游戏，远远要比控制他人的游戏更有趣。

公众。我的意思是，那些人发展出这种制度，而且他们相信这种制度，他们相信越接近权威的核心，越是幸运，他们这样做是为了确保他们以更高的权威呈现在世上。

这就是长久以来，大多数人体验到的世界，但不是全部的世界都是如此。露丝·本尼迪克特（Ruth Benedict）、玛格丽特·米德（Margaret Mead）和其他人类学家表明，世界上部分地区并没有受到这种思维方式的影响。这些地区发生的暴力事件要少得多。

非暴力沟通为专制制度中的人们带来了一种思考和沟通的方式，我敢肯定，这会使他们的生活更精彩。我们可以告诉他们，非暴力沟通的游戏，远远要比控制他人或制造战争更有趣。真的，还有更令人愉悦的生活方式！

那么，让我们来看看非暴力沟通怎样帮助我们转化"帮派"。我鼓励大家去觉察，帮派的行为是如何影响到我们受教育的方式，影响到我们内心背负的东西。让我再具体解释一下我的意思。我是说，某些语言和某些形式的沟通极具破坏性。但这种语言从何而来？道德评判、奖惩的手段，在这个世界中占据绝对优势，这种优势从何而来？我们为什么要使用它们？我们学习这些手段，因为某些帮派的行为就是以此为支撑的。

在学校里创造改变

"如果我们不尽快改变方向，我们会在路上枯竭。"

——艾尔文·科里（*Irwin Corey*）

例如，首先来看看我们的学校。据研究教育改革的教育历史学家迈克尔·B.卡茨（Michael B. Katz）称，我们处在一个以大约二十年为一个周期的改革中。差不多每二十年，人们开始对教育有忧虑，并冒着很大风险，进行教育改革，这些改变从提升教育水平和减少学校暴力的角度来说是好的。

他们发起改变，但是五年之内他们创立的这些改变就完全消失了。卡茨在他的著作《阶级、官僚主义、学校》中，阐述了他为什么这么想。他认为，问题在于改革者要指出学校的错误所在并设法改变。他们没有看到学校做得好的地方。

然而，美国的学校正在做当初设立时要他们做的事：支持帮派的行为。哪一个帮派？在这里指的是经济组织帮派，他们控制着我们的事务。他们控制了我们的学校，他们有三个历史性的目标：

首先，教育人们服从权威，这样在他们受雇后才会听命行事。

第二，让人们为了外部奖励而工作。他们希望人们学习的，不是怎样丰富自己的生命，而是怎样获得成绩，以未来一份薪水更高的工作作为奖励。假如你是帮派一员，打算雇用一个人来提供一些产品或者服务，而这些东西并不真的服务于生命（但是会为帮派的老板赚得盆满钵溢），你可不会希望工人扪心自问，**我们做的这个产品真的服务于生命**

吗？没错，你只想让他们听话做事，为了一份薪水而工作。

卡茨说，学校的第三个功能——也是让变化难以持久的真正原因——就是好好地维护社会等级制度，并使之看起来像是民主国家。

问题是在结构上的，而不在个人。学校里的教师和管理人员并不是敌人。他们由衷地希望为儿童的幸福作出贡献。这里并不存在敌人。问题在于我们为了保持经济而建立起的帮派结构。所以，如果我们希望把学校转化得能更好地为人服务，我们要怎样做呢？我们不仅需要改变学校，还需要改变学校所隶属的那个更大的结构。

好消息是，这有可能发生。现在，我们正在好几个国家工作，学校里正在做出根本性的改变。我们支持学校、教师和学生通过实践非暴力沟通的原则而和谐工作。我很高兴地说，现在在塞尔维亚、意大利、以色列、哥斯达黎加和世界其他地方，有很多教师支持建立这样的学校。当然，我们的愿景，是把这种根本性的转化留在下一代孩子的意识中。

让我来举个例子说明，我们怎样教年幼的孩子们学非暴力沟通，就像教给其他人一样。理论是，如果孩子们在吵架，他们能够用非暴力沟通进行调解。最近，我在以色列的一家幼儿园，那里的孩子一般四到六岁开始上幼儿园。有两个小女孩在吵架。我不懂她们的语言，但她们的确是在争吵。后来她们又找一个小男孩说了些什么。我请翻译过来一下，她告诉我，女孩们正在请男孩进行调解。我说："什么？"

他们三个——都是幼儿园小孩——一起跑到房间的调解角去，调解员问其中一个女孩，她的观察是什么，另一个小孩说了什么话她不喜欢。"你有什么感受？"他问，然后她描述了自己的感受。

"你的需要是什么？"他继续问，然后说，"你的请求是什么？"

他确实帮到了她们。他问了她非暴力沟通的基本问题。他们都学过这种沟通方式，所以女孩回答这些问题没有任何困难。然后，他请另一个女孩复述一下第一个女孩所说的内容。等第一个女孩得到了解之后，调解员帮助另一个女孩表达自己，并帮助第一个女孩听到另一方的意见。没花多长时间，他们就解决了冲突，一起跑开了。来自荷兰的一位女士（当时和我共享同一个翻译）对我说："如果不是亲眼看到，我真不敢相信。"

我们也教学生们做调解。他们完全能做得到。事实上，他们可以做得非常棒——不论任何年纪。

在贫民窟中与帮派工作

"现在不是要在改变和不变之间做出选择，
而是在变好和变坏之间做出选择。"
——克利福德·休·道格拉斯（Clifford Hugh Douglas）

我曾在圣刘易斯市区生活和工作。有一次，我在贫民窟地区中心的一家黑人教堂里，正跟牧师谈话。街头帮派的头目听说这里有个白人正在他的地盘上与人谈话，就想要插一手。他直接走进我们在牧师办公室的会议中。他坐在那里，盯着我和人们谈帮助他们改善种族关系的沟通的过程。过了一会儿，他说："我们并不需要什么伟大的白人神父屈尊来告诉我们如何沟通。我们知道怎样沟通。你想帮助我们，就把你的钱留下，我们就能去买枪来摆脱像你这样的笨蛋！"

我以前也听过这样的话，而且那一天我心情不怎么好，所以我没能应用自己讲授的原则，而是与他争辩了起来。事情不太妙，我很快就意识到自己正在做什么，所以我停下来，回到当下，开始应用我们的培训。我希望能听到他，这个人，当时的感受和需要。

我改变了态度说："所以，你希望我能尊重这里人们的沟通方式，你也希望能有人知道，有些人本来说是要帮帮忙，结果却只是压迫那些人。"我不再与他争辩，只是试着了解他的感受和需要。情况由此发生了改变。之后的会议里，他只是坐在那儿盯着看。

会议结束时，外面已经一片漆黑，我朝着我的车走过去。白人晚上待在那地方多少有点冒险。然后，我听到有人叫我"卢森堡！"我心想，糟糕，现在才想到这一点恐怕已经晚了。"载我一程吧。"他说，然后告诉我他想去哪儿。

他钻进汽车，直接指向我在对话中转换的那一刻，那时我转向尝试了解他，而不再与他争辩。他问："那时候你在对我做什么？"

我说："那就是我之前提到的沟通过程。"

随后他所说的话，改变了我们之后十三年的生活。他问："你能不能告诉我怎样把这些教给祖鲁帮（这是他的帮派的名称）？""我们不打算再用枪打你们白人了。我们要学那种方法。"

我说："我们来做个交易吧。我获邀星期四去华盛顿的学校，帮他们了解黑人为什么会烧毁学校。如果你愿意跟我一起去，我就告诉你怎样把这些教给祖鲁帮。"

他笑了起来，说："嘿，伙计，我可从来没受过教育啊。"

我说："你看，如果你能像刚才那样听得懂，你所受的教育相当好。也许你没上过多少学，但你受过良好的教育。"

他和我一起去了华盛顿，帮助学校管理人员和教师了解孩子们为什么会烧毁学校，作出了极大的贡献。之后十三年中，我们在美国南部各地一起做了许多工作，为废除学校中的种族隔离制度做准备。美国联邦政府请我们前往一些热点地区，解决黑人和白人之间的冲突。后来他成为美国圣路易斯市公共住房主管。同一帮派的另一名成员，几年前差点当选为圣路易斯市市长。

改变其他社会机构

> *"不采取行动的愿景只是梦想。*
> *没有愿景的行动只是虚耗时间。*
> *愿景加上行动，就能改变世界。"*
> ——乔尔·巴克（*Joel Barker*）

其他大的势力团体情况怎样呢？除了学校之外，另一个我们努力作出改变的重要领域是司法系统，政府机构正在操控着法律制度。我们从美国的一些研究中了解到，如果被判同样罪名的两个人，一个进了监狱，一个没有，比起没有入狱的人，另一个人出狱后表现出暴力行为的可能性更大。

我们知道，绝大多数被处以极刑的是低收入者或有色人种。我们知道这很可怕，但这的确正在发生——需要作出改变的，是司法系统和那些势力团体。身处其中的个体并不是怪物，但作为势力团体的一份子，他们需要作出改变。我希望现在每个人都能意识到司法系统中惩罚体系的失败。**报应性司法**需要转变为**修复性司法**。

我们从哪里才能找到促进社会参与所需的力量和技能？我们的内在已经深受这些势力团体的影响，我们能做的就是让自己和自己的家庭遵

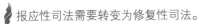 报应性司法需要转变为修复性司法。

从秩序。我们致力于转变自己及与他人建立心与心的连接，在这之后，我们如何使自己还有足够的力量来回应这些团体所带来的挑战呢？

练习

　　想一件你能做的事情，使自己尽可能去改变一些你不喜欢的事。把它写下来放在某个地方，提醒自己去做。

第 9 章

转化敌对印象
并建立连接

"我们这个时代最伟大的革命就是人的改变，通过改变心中的看法，而改变他们外在生命的方方面面。"

——玛丽莲·弗格森（Marilyn Ferguson）

🔥 我们需要把自己从敌对的印象中解放出来。

在培训中，我们不仅希望人们能够认识到，非暴力沟通可以用于转化我们内在的世界，也希望人们看到，它同样可以创造出我们想要生活于其中的外部世界。我们可以展示出，我们的确有力量、有能量，或者至少，我们可以得到这些。我们要怎么做呢？

首先，我们需要把自己从敌对的印象中解放出来，不再认为这些权力团体中的人们是有问题的。如今，这并不容易做到。我们很难认为，做出某些事情的人也是和我们一样的人。面对势力团体是一件极具挑战性的事情，面对其他个人也一样困难。

我来举个例子。我曾经到美国北达科他州法戈市的学校里工作，这次并不是调解。一位曾协助我们进入学校工作的人请教我一个私人问题。她说："马歇尔，我家里为了我父亲退休的问题吵得不可开交。他打算退休，但谈到怎么把他的大农场分给我的两个兄弟，家里就炸了锅。我们为这事都闹到法庭上了，真可怕。我可以安排你的日程，让你有一次两个半小时的午餐时间。你愿意为我们调解吗？"

我说："你是说这个问题已经持续了几个月？"

她说："事实上，已经好几年了，我知道仅仅一次午餐的时间肯定不够，马歇尔，但不管你能帮上多少忙，我都会非常感激。"

我那天就跟这位父亲和兄弟二人一起进到房间里。顺便提一下，父亲住在农场中央，两兄弟分别各住在一端。兄弟二人已经八年没有说过话了！我照常问他们问题："能不能告诉我，你们的需要是什么？"

弟弟突然对着哥哥大叫："你心知肚明，你对我从来都不公平。你和爸爸只会关心彼此。你们从来没有关心过我！"

而哥哥说："你从来都不干活。"

于是他们互相咆哮了两分钟。我不需要再听他们说什么背景了。在这短短的时间里，我已经能猜到各有什么未获满足或了解的需要。

由于时间紧迫，我对哥哥说："对不起，我可以扮演一下你的角色吗？"

他看起来有点困惑，但还是耸耸肩说："好吧。"

于是我开始扮演他的角色，就好像他是一个懂得非暴力沟通技巧的人。我能在弟弟评判的表达背后，听到有什么需要没有满足。我那时候对哥哥的需要也听得够多，所以能用不同的方式表达他的需要。我们帮助兄弟二人看到对方的需要，取得了很大的进展。然而，两个半小时时间到了，我必须回到工作坊。

第二天早上，那位父亲——他之前旁听了整个谈话过程——来到我和教师们一起工作的地方。他在大厅里等着我，眼里含着泪水说："非常感谢你昨天所做的事情。昨晚我们全家人一起出去吃了晚餐，这是八年以来的第一次，而且在吃饭的时候我们把这事解决了。"

看到了吗？一旦双方都跨越了敌对的印象，识别出对方的需要，接下来的部分会很让人吃惊：找到方法来满足所有人的需要，会变得相对非常容易。困难的是跨越敌对的印象。这让人们看到，你并不能从他人的损失中获益。一旦清楚地认识到这一点，即使是像家庭纷争这样复杂的事情，也不会无从解决，因为你已经让人们在人性的层面上彼此连接。

同样的方法也适用于势力团体。在我受邀去调解的冲突中，我发现最共通的元素是——人们并不知道如何说清楚他们的需要和请求——而是对诊断别人的症状滔滔不绝：别人那么做是因为他们有什么问题。无论是两个人、两个团体，还是两个国家发生了冲突，人们带着敌对的印象开始讨论，告诉别人他们有什么问题。无论是离婚法庭，还是炸弹，已经不远了。

🗡 不幸的是，人们不知道如何表达需要。

调解交战族群

"改变不是必要的，生存并非铁定的。"
——W. 爱德华兹·戴明（*W. Edwards Deming*）

人们曾经请我帮忙调解尼日利亚北部两个族群之间的冲突——在基督教首领们和穆斯林首领们之间。这些族群之间发生着很多暴力事件，争夺的是集市上摊位的多寡。我去的那一年，这个社区里的四百人，有一百人被杀死了。

我的一位住在尼日利亚的同事，目睹了所有这些暴力事件，他努力与双方首领会面，说服他们同意见面，看看我们是否能解决这个冲突。他花了六个月时间，不过最后成功了，于是我来参与部落首领们的会面。

我们走进会议时，我的同事小声对我说："准备好，马歇尔，气氛有些紧张。来参加会议的人里，有三个人知道杀害他们孩子的凶手就在这个房间里。"

一开始确实非常紧张。在这两个部落之间曾经发生过太多的暴力，这是他们第一次坐到一起。现在，十二位首领坐在长桌一侧，十二位在另一侧。我像通常那样开始调解。我说："我相信，如果每个人都能把自己的需要表达出来，让别人了解，我们就能找到办法来满足所有人的需要。那么，哪位愿意先开始？我想听到，你们有什么需要没有得到满足。"

不幸的是，他们不知道如何表达需要。他们只知道如何表达批评听到需要会比听到敌对的印象更加接近真相。

和评判。他们没有回答我的问题，相反，一位基督教部落首领怒气冲冲地朝着桌子对面的穆斯林首领们大声喊道："你们这些人都是杀人犯！"

（请注意，我没有问："你们对于另一方是怎么想的？"）

于是我问："你有什么需要没有得到满足？"马上，敌对的形象就出现了。

另一方立即反击说："你们一直想要统治我们。"这又是另一项评判。通过这些敌对的印象，我能明白为什么双方在市场上能占多少摊位的问题，使得百分之三十的人口都被杀害。

他们都冲着对方大叫，很难恢复秩序。但我们的培训表明，所有的批评、评判、敌对的形象，其实都是对未满足需要的悲剧的、自杀式的表达。因此，在调解的世界里，我借给他们非暴力沟通的技巧，把敌对的印象翻译成一个需要。对那位说"你们是杀人犯"的先生，这并不太难。

我问："首领，你是不是在表达你对安全的需要没有得到满足？你需要安全。你希望无论发生什么事，都可以通过非暴力的方式解决，对吗？"

他说："那完全就是我正说的话。"

哦，他所说的并不完全是这样。他说的是"你们是杀人犯。"但如果我们听到的是需要，而非敌对的印象，会更加接近真相。非暴力沟通的技巧，使我能够听到评判背后的需要。

但这样还不够。我必须确保另一方也能听到他的需要。于是我问其他部落成员是否有人愿重复一下第一位部落首领说的话。我看着桌子对面的穆斯林首领们说："桌子的这一边有没有人可以告诉我，这位首领刚才说他的需要是什么？"

其中一个人大声叫喊道："你为什么杀死我的儿子？"

我对那一边的首领说："首领，我们很快就会处理这个问题。但现在，你能不能告诉我，第一位首领的感受和需要是什么？"

嗯，当然，他无法做到这一点。他太专注于评判对方，听不到我已经帮忙清晰表达的感受和需要。

于是我对这位首领说："首领，我听到另一位首领感到愤怒，强烈的愤怒，因为他说，他需要所有的冲突，无论它们是什么，都可以通过某种方式解决——而不是暴力——每个人都会很安全。你能不能复述一下，首领？这样我就可以确定，我们正在沟通。"

他目前还做不到这一点。我不得不把话又重复了两次之后，他听到了另一位首领的感受和需要。最后，他能向我复述出对方的话了。

然后，我也帮助这位首领表达自己的需要。我说："现在，你已经听到了对方的需要，我希望你能告诉我，你的需要是什么。"

一位首领重复了他之前的评判，他说："他们长期以来一直想要统治我们，我们再也不想忍受了。"

这仍然是在评判另一方的错误，我再次把这一评判翻译为需要，我认为这些需要就是评判的根源，我问："你感到很不舒服，是因为你对于社区的平等有着强烈的需要？"

他说："没错。"

我转向另一个部落的成员说，"你能否重复一下，以便我可以确定，我们正在沟通？"

他们一开始做不到。我至少又重复了两次，他们终于能看到，对方是因为平等的需要未能得到满足而感到愤怒。

仅仅是让每一方清楚自己的需要，也让另一方听到，就花了大概一个小时，因为有很多咆哮和吼叫夹杂其中。然而，当双方都能够了解对方需要时，一位首领跳了起来，对我说："马歇尔，我们无法在一天之内学会这些。如果我们能知道怎样以这种方式互相交谈，我们就不必杀死对方了。"

你看到了吗？他花了一个多小时就懂了，如果我们能够只说出自己的需要，而不把它放进敌对的印象中，我们就能和平解决冲突。

我说："首领，我很高兴你这么快就能了解到这一点。我们是打算在今天结束的时候提出建议，我们很愿意为两边部落的人提供培训，让他们在发生冲突时能用这种方法。不过，今天我到这里来是为了调解冲突，而不是来教课的。是的，你说得对。一天是学不会的。"

他说："我希望成为受过培训的人，来做这个工作。"房间里其他一些人也自愿参加培训。他们认识到，只要你知道怎样清楚了解彼此的需要，你就不需要使用武器来解决冲突。

与恐怖主义对话

"阻挠和平发展的人势必造就无法避免的暴力。"
——约翰·J.肯尼迪（John J. Kennedy）

很多人都问我，我们怎样才能应用非暴力沟通应对恐怖主义。首先，我们需要摆脱恐怖分子和自由战士的形象。只要我们认为自己是自由战士，而恐怖分子是对立面，那么我们本身就是问题的一部分。然后，我们需要倾听，当这些人做出让我们害怕和痛苦的事情时，他们内

我们需要倾听，而非把他们视为恐怖分子。

在鲜活的生命状态是什么——看看他们这样做是要满足什么需要。

　　除非我们用倾听与他们的内在相连接，否则，无论我们采取什么行动，都会带来更多暴力的力量。

　　现在，对于做了所谓"恐怖主义"的那些人，我相信，三十多年来，他们用尽了各种不同的方式来表达他们的痛苦。但当他们使用温和的众多方式表达时——他们想要告诉我们，当我们通过某些方式满足自身经济和军事需要时，他们的一些最神圣的需要没有得到尊重，他们有多么受伤——那时候我们并没有用倾听来接收到他们的痛苦。于是他们的愤怒越积越深。最终，他们把自己的怒火通过可怕的形式表现出来。

　　所以，我们首先需要做的是倾听，而不是把他们视为恐怖分子。很多人以为那是在说恐怖主义也没什么，我们只需微笑面对，表现得仿佛杀死成千上万的人也没什么大不了。

　　绝对不是！在我们倾听之后，我们需要明确表达我们的痛苦是什么，他们的行为使我们的什么需要无法得到满足。如果我们能与这些人建立那种连接，我们就可以找到一种和平的方式，使每个人的需要都能获得满足。但是，如果先给他们贴上恐怖分子的标签，然后把他们当成恐怖分子去惩罚他们，其实我们早就看到我们会得到什么。暴力只会制造更多的暴力。

　　这就是为什么，当我们培训人们如何应对"恐怖团伙"时，首先指导他们的就是怎样做必要的**绝望功课**：进入自己的内在，处理与团伙有关的痛苦。把你对那些人的**全部**的敌对印象，转换为洞悉自己未能满足的需要。

　　我们会让人们知道，无论是哪种层次的社会参与——即使你试图

> 当人们能从根本上改变他们看待事物的方式，当他们能看到，还有更有效的方式能满足自己的需要时，改变就会发生。

应对的是一个像政府或跨国企业那样的大型势力团体——基本上都归结为势头和数字。当团体中相当多的人从根本上改变了他们看待事物的方式，当他们能看到，比起这种团体的行为，还有更有效的方式能够满足他们作为人的需要时，改变就会发生。同样，我们希望出现改变，但不是通过破坏现有的社会结构，而是通过与这些结构中的人建立连接，找到更有效、代价更低的方法来满足他们的需要（同时也满足其他人的需要）。

我们希望能改变一些跨国企业和他们的做法。我们不是想要让他们相信，他们是邪恶的，因为他们在贸易和雇用惯例中破坏环境、压迫其他国家的人民。我们希望能与这些"企业团伙"中的人建立连接，让他们了解，你为何无法以牺牲他人为代价来满足自己的需要。我们要帮助他们弄清楚自己的需要是什么，找到其他方式改变他们的组织，用对他们自己和别人都更小的代价，更好地满足他们的需要。同样的道理也适用于个人、家庭，以及各种不同规模和复杂性的群体。

如今，这样的沟通既费时又困难。这也许是因为我们需要有这种连接，而且有这种转化体验的不只是一两个人。改变某些团伙行为可能需要几百万人采取不同的做法。例如，如果这个团伙是一个政府，我们可能需要让一定比例的人口认识到，与团伙现在使用的方式相比，还有更有效的方式能够满足他们的需要。

有时候，团伙可能是由处于最高位置的四五个人控制的，如果他们能够看到，还有其他代价更低、更有效的方式能够满足他们的需要，我们就能很快实现我们所希望的社会参与。在任何情况下，只要涉及团伙，改变往往不是一个人单枪匹马就能实现的。

和平所需要的，远远要比报复或者仅仅逆来顺受更困难的多。和和平所需要的，远远要比报复或者仅仅逆来顺受更困难得多。

平要求倾听他人的恐惧和未能满足的需要，而正是这些促使人们互相攻击。如果能认识到这些感受和需要的存在，人们就会失去回击的欲望，因为他们能看得到，是人类的无知导致了这些攻击；相反，他们的目标会变成用倾听建立连接，提供教育，这使人能超越暴力，建立起合作关系。

当人们能够与他们的需要连接时，他们不会再被这种愤怒驱使去惩罚别人。我们的确需要对自己的需要做评估：它们是否获得了满足？但我们这样做，并不是进入头脑，把那些在某些方面没有满足我们需要的人，想象成敌人和坏蛋。

每一次我们用头脑对别人作出评判，而非进入内心来了解需要，都会减少一分别人喜悦地给予我们的可能性。

事实是，当人们与愤怒、挫折和暴力背后的需要相连接时，他们就会进入一个完全不同的世界。进入十三世纪苏菲派神秘主义诗人鲁米（Rumi）所描述的世界："在对与错的区分之外，有片田野，我将在那里与你相会。"

第三部分

用非暴力沟通促进社会参与

PART 3

"和平是一个每天、每周、每月的过程，逐渐改变观念，慢慢消除障碍，静静地建立新的结构。无论追求和平的过程是多么平淡无奇，我们必须坚持下去。"

——约翰·F.肯尼迪（John F.Kennedy）

SPEAK

PEACE

IN A

WORLD OF

CONFLICT

用非暴力沟通化解冲突

第 10 章

与他人合力促成社会参与

　　"与他人合力促成社会参与，绝不要怀疑一小群意志坚定的人可以改变世界。

　　这是唯一造就改变的可能。"

——玛格丽特·米德（Margaret Mead）

我们向社工小组介绍，怎样运用非暴力沟通，更好地开展团队工作，使召开会议更有成效。

促进社会参与的一个重要部分是与其他愿景相似的人相连接。我们介绍如何运用非暴力沟通，与志同道合的人，一同描绘你想要创造的世界具体是什么样子。我们让你看到如何创建团队，一起使改变成为可能。

这些团队刚开始时常常会遇到的情况是陷入内斗。我们有一技之长，但未必适合团队协作。我们想改变的是非常庞大的外部结构，这已经是非常庞大的任务了，当我们的团队还有内耗时，它会变得尤其困难。所以，在社会工作领域的培训中，我们会向社工小组介绍，怎样运用非暴力沟通，更顺利地开展团队工作，使召开会议更有成效。

例如，我曾经与美国旧金山一个少数族裔的团体一起工作，他们最关心的是孩子上学的问题。他们对学校的看法是，那些学校正在摧毁他们孩子的心灵。他们希望能作出一些结构性改变。

然而，他们对我说："马歇尔，问题在于，我们聚在一起已经六个月了，希望能促进一次教育改革，但我们所做的一切只是喋喋不休的争执或毫无效果的讨论，而没有任何进展。你能不能教我们怎样用非暴力沟通彼此协作，让会议更有效率？"

于是我参加了他们的会议，说："你们照常开会，我来观察，然后我就知道能否让你们看到，怎样运用非暴力沟通使团队合作更有效率。"

会议一开始，有个人拿出从报纸上剪下来的一篇文章。文章讲的是家长如何谴责一位校长虐待他们的孩子。校长是白人，而孩子是少数族裔。他读了这篇文章后，另一个人的反应是："这没什么大不了的。我小时候上的也是那所学校，让我来告诉你，当时我都遇到了什么事情。"

随后，在接下来的十几分钟内，每个人都在讲他们过去的遭遇，这是怎样一个种族歧视的社会，诸如此类。

我让这种情况持续了一会儿，然后我说："我可以打断一下吗？有谁觉得到现在这次会议是富有成效的，请举手。"没有一个人举手——连那些滔滔不绝讲故事的人也没举手。

这群人聚集在一起，希望促成制度的某种改变，但他们一直在做没有成效的讨论。这些人放下家庭专程前来开会，时间和精力都是很不容易才腾出来的。当我们正设法应对势力团体，促进社会参与时，在这些没有成效的会议上浪费精力是划不来的。

于是我又转向最初开始这次谈话的那位男士，我问："先生，你能否告诉我你对参加会议的人有何请求？当你读报纸上的那篇文章时，是希望从这群人得到什么回应？"

他说："嗯，我认为这很重要，也很有意思。"我说："我想，你肯定认为这很有意思，但你告诉我的是你的想法。而我问的是，你希望从团体得到什么回应？"

他说："我也不知道我想要什么。"

我说："我认为，这就是我们进行了十分钟没有成效的讨论的原因。每次请大家关注我们的发言，却并不清楚自己想要什么，那么我们多半不会很有成效。非暴力沟通告诉我们，无论你对个体还是群体讲话，不管你说了什么，一定要在结尾时清楚提出你希望得到什么回应：你的请求是什么？只说出你的痛苦或想法，却没有提出明确的请求，很可能只会引发毫无成效的讨论。"我们用一些方式向人们展现非暴力沟通可以使会议更加富有成效，这便是其中之一。

我曾与另一组少数族裔一起工作，他们想要改变旧金山另一势力团体——市政府卫生服务部门的雇用方式。这些公民认为雇佣方式歧视特定人群，有欺压百姓之嫌。他们希望我能告诉他们，非暴力沟通可以为他们带来怎样的帮助，能够促使那个势力团体更好地满足他们的需要。

我用三天时间为他们讲解非暴力沟通的过程及应用。一天下午他们决定去试试，第二天早上我们就能看到效果如何。而第二天早晨，他们一脸沮丧地回来了，其中一个人说："我们本来就知道这是行不通的。完全没有办法能改变这个制度。"

我说："嗯。我能看得出，你真的很灰心。"

"是的，没错。"

"那么，告诉我发生了什么事，我们可以从中学习。"这个六人的小团队进入了行政人员的办公室，他们告诉我，他们是如何用好了非暴力沟通。他们并不是一进去就批评这个制度欺压百姓。相反，他们首先做了一个清楚的观察，指出了他们感到具有歧视性的规定，因为这些条款不允许雇用某种人。

然后，他们表达出自己的感受，他们是多么的痛苦，因为他们需要工作和平等。他们相信自己能做好这些工作，却完全被排除在外，这让他们十分痛苦。他们对管理人员提出了明确的要求，清楚地说明他们是多么希望改变雇用政策，使他们也能被雇用。

他们告诉我他们是怎么说的，我感到很高兴。他们已融会贯通地掌握了我们培训的内容。他们明确提出了自己的需要，请求时，也没有使用侮辱性的语言。我说："我喜欢你们的表达方式，对方的反应如何？"

他们说："哦，他态度很和蔼，你知道。他甚至感谢我们光临。他说，在民主社会中，公民表达自己的意见是非常重要的，我们也鼓励这样做，但在目前，你们的请求相当不实际，我很抱歉现在这还不可能实现，但感谢你们能够光临。"

我问："然后你们是怎么做的？"

"嗯，然后我们就离开了。"

我说："等一下，等一下。我给你们讲的另一半呢？如何听到打官

如何听到打官腔的背后，他的内心到底想表达什么。

腔的背后，他的内心到底想要表达什么，他有什么感受，什么需要？那个活生生的人与你们想要的东西的连接点在哪儿？"

其中一个人说，"我们知道他是怎么想的。他希望我们滚开。"

"即使真的是这样，他内在鲜活的生命状态是什么？他有何感受？有何需要？他是一个人。这个人的感受和需要是什么？"

他们忘了看到他的人性，因为他隶属于一个机构。当他处于机构里，他说的是机构语言，而不是活生生的人的语言。他在打官腔。正如沃尔特·温克指出的，机构、组织和政府都有自己的灵性。在这些环境中，人们会以支持那种灵性的方式进行沟通。

非暴力沟通教我们一种方法，无论在哪种机构中，我们都要切入其中看到里面活生生的人。我知道我没有培训好他们这样做，我们就再练习。我们练习怎样听到隐藏在官话背后的需要，怎样看到一个活生生的人，并与之建立连接，增强我们与那人合力促进社会参与的力量。

在这个层面上做了训练之后，他们再次与那人约了见面。第二天早晨他们很高兴地回来。他们看到隐藏在他话语后面的东西，他在害怕。他其实与他们有着同样的需要——他并不喜欢这些有歧视性的法律条款——但他还有另一个需要：保护自己。

他知道他的老板不喜欢这种建议，因为他的老板极力反对他们所追求的。他有保护自己的需要，不想和老板说，来帮助他们做这项改变。当这群人了解到他的需要后，他们就能以满足所有人需要的方式合作。

后来他教他们怎么做。他指导他们去做实现目标所需的各种事情，而他们满足他的需要，保护他，不让任何人知道是他在指导他们。最终，他们得到了想要的机构中的改变。

以满足所有人需要的方式来一起工作。

实现有效的社会参与需要与他人的连接，避免把处于机构之内的人视为敌人——我们要努力听到他内在人性的需要，坚持一直保持沟通的流动，让每个人的需要都得到满足。

练习

想出一个你希望与他建立连接的人，但现在你视他为敌人。为把冲突转变为连接，你打算做的第一件事是什么？

▌▌为社会参与募捐▌▌

"我不敢说如果我们改变，事情是否会变得更好；
但我可以确定，如果事情要变得更好，它们必须做出改变。"
——乔治·利希滕伯格（*Georg Lichtenberg*）

我参与的另一项社会参与计划与我之前提过的街头帮派有关。帮派（祖鲁帮）的领导人认为，我提出的理念，如果再根据他的文化稍作调整，将非常有帮助。我在前面提过，多年来我们一起在美国各地为在学校中废除种族隔离做了很多的工作。

我们希望一起创立一所学校，能够让人们看到，教师和学生可以用伙伴一样的方式一起工作，对那些被其他学校开除或推诿的学生开展教

> 你需要简洁明了，有效利用机会的窗口。

育，而不是教师设法控制学生。

我们想先从一所示范学校开始，向人们展示，我们可以关照到那些在其他学校无法顺利学习而被开除的学生。然后，我们把这所学校当作踏脚石，促使教育系统实现更广泛的改变。开始的阶段，我们需要筹措五万美元来支付教师的薪水和其他费用。

这是社会参与中一个非常重要的部分：怎样才能得到你所需要的资源。我从那位街头帮派朋友身上学到了宝贵的一课：如果你希望努力实现社会参与，如何充分利用珍贵的几分钟。

这是非常重要的，因为在促进社会参与的过程中，显然需要大量的沟通工作。因此，我们不仅需要通过非暴力沟通说出内心的话语，还需要简洁明了，尽可能把握机会利用短暂的时间，即所谓机会的窗口。

这就是我从那位街头帮派的朋友身上学到的很好的一课。他对我说："为什么我们不去找那家基金会，你一直跟他们有合作，他们会愿意给钱的。为什么我们不能到那里去，拿到这个项目需要的钱？"

"是啊，"我说，"我当然希望他们提供资金，但我知道，他们几个月内都不会接受申请。这个季度的申请已经结束了。不仅如此，如果要从他们那里拿到钱，你必须有一个很大的提案，你知道，现在我们没有足够的时间或资源来准备那样的提案。"

他说："是啊，是啊。那是一种办法，不过，你可以约一次会面吗？"

我说："嗯，我多半能约到这个人。"

他说："很好，那就约吧，我们去那里拿钱。"

我说："如果我约定会面，你打算怎么做？"

他说："让我来处理吧，让我来处理。"

于是我打了个电话，我说："我是卢森堡博士。上个月我曾与行政主管们一起工作过……我能否与主席约个时间见面？"

秘书说："嗯，你知道他很忙，卢森堡博士，我先看看，晚点给你回电话。"

后来她给我回电说："我们可以把你安排在两次会议之间。他很高兴与你见面，但只有大约二十分钟时间。可以吗，卢森堡博士？"

我说："谢谢你，这样就可以。"

当我们开车前往这次会面时，我对我的同伴说："现在，你打算在这二十分钟里做些什么？"

他说："让我来处理吧，让我来处理。"于是，会面时我礼貌地为他们两人做了介绍。我说："X 博士，这是我的同事艾尔，艾尔，这是 X 博士。"艾尔探身过来，和他握手，说："嗨，兄弟。钱在哪儿？"

当时我恨不得用扫帚打他的头，我感到狼狈不堪，他居然就这样开始一次专业会谈。我募集资金时，通常会使用提案和幻灯片，尽量列出我们要做的事的所有价值来得到那笔钱。

但这个人却以完全相反的方式开始。他说："事实上，**我们到这里来是希望得到一些钱，你需要从我们这里听到什么，才能决定你是否愿意给我们这笔钱？**"主席非常礼貌地笑了起来，说："什么钱？"我的同事说："为了创立趣味学校的钱。"

"趣味学校……那是什么？"

"卢森堡和我们帮派希望创立一所学校，让人们看到，只要换种方式对待他们，那些被其他学校踢出去的孩子们也能有所作为。"

"这所趣味学校会是什么样子？"

请注意我的朋友是怎么做的。在这段宝贵的时间中，我们没有走

> 不要说个不停，而是在谈话中创造一种流动，让对方可以告诉你，他们需要知道什么。

进去就大谈特谈我们认为其他人需要听到的东西，艾尔按照他的文化风格，基本从一开始就直接向对方说，你需要从我们这里听到什么，才能决定是否给我们所要的？他让对方来主导这次谈话的方向。我们是拿着五万美元离开的。

那件事大约是在三十年前，从那以后，我在促进社会参与的工作中，反复使用这种方法。倒不一定完全像艾尔那样开始，那是他的文化风格，但在一开始时就要明确，对方为了决定是否要支持我感兴趣的改变，需要从我这里听到什么。

有一次在跟一个重要的委员会见面时用了这种方法，那是由瑞典政府高层和商界领袖组成的。我和我的同事希望跟他们谈谈支持一个社会参与的计划。光是跟这个委员会约定见面时间我们就花了一番力气，最后他们终于同意给我们二十分钟的时间。我和同事等着会面时，一个秘书走出来说："卢森堡博士，我很抱歉，委员会让我告诉你，他们之前耽搁了一会儿。他们说，本来说给你二十分钟，但现在他们只有五分钟时间。"

好吧，如果我只有五分钟时间，那就更有理由运用我从艾尔那里学到的方法了。于是我走进会议室，确切告诉他们我希望他们同意的事——然后问他们，他们需要从我这里知道什么，才能在五分钟之内决定是否同意。后来，他们花了四十分钟提问！但即使他们只给我五分钟的时间，要想更好地解决好这件事，也要让他们说出他们需要听什么，而不是由我来说出一堆毫无帮助的话。

这就是在社会参与中应用非暴力沟通的另一种方法。我们在会议中可以更有效率，不要说个不停，而是在谈话中创造一种流动，让对方可以告诉你，他们需要知道什么来决定我们是否可以合作。

练习

　　当你下一次参与毫无成效的会议时，你可以做些什么推动会议的进展？（提示：专注于观察、感受、需要和清楚的请求！）

第 11 章
处理冲突和对抗

　　"在非暴力冲突中，不留任何积怨，且最终敌人变成友人，这是非暴力的标志。"

——圣雄甘地（M. K. Gandhi）

我们需要知道，如何在对抗情况下听到人们的感受和需要，无论他们以何种方式表达。

社会参与，可以想象会有冲突发生。我们要学着如何用非暴力沟通去面对那些反对我们目标的人，而他们也许无法清楚表达感受和需要。我们需要知道，如何在对抗情况下听到人们的感受和需要，无论他们以何种方式表达。

美国伊利诺伊州的一个社会参与计划就是个例子。这跟我们已经创立的一所公立学校有关，而我们希望从这所学校出发，来推动整个教育系统都用这所学校的运行原则协调运作。创立这所学校相当困难，但经历了诸多阻力之后，我们终于获得了联邦资金来开办这所学校。

然而，在学校创立后的董事会选举中，四位董事会成员是以摒弃原有的督学职能和办学理念作为他们的竞选纲领而当选的。即使学校当时已经办得很成功，赢得了美国杰出教育奖，还是有这样的情况发生。此外，学生的成绩到那时已经大大提升，破坏行为也已经减少了。

我们明白，要让这个学校计划生存下去，我们需要与那些强烈反对我们做法的人沟通。与学校董事会约一个三小时的会真的很不容易。我们用了十个月来安排这次会议的时间。他们不接我的电话，不回我的信，我去他们办公室，他们也不肯见我。

在这十个月中，我们不得不去找一个能接近他们的人，帮助这个人练习我们的沟通技巧，好让他们能安排一次会议。她最后终于让董事会与学校督学和我见面，但他们有个条件。他们不希望新闻媒体知道这件事，因为如果被人看到他们与当初当选时努力划清界限的人交谈他们会很尴尬。

这一次，非暴力沟通为我带来了怎样的帮助呢？首先，我知道在开那个会之前，我必须在自己内心下些功夫，因为我心中对董事会有敌对印象。我很难把他们当作活生生的人看待。想到他们对我的言论，我内心非常痛苦。

例如，一位董事会成员拥有一家当地报纸。我曾读过一篇他写我的文章，他说："你们知不知道，我们'爱戴的'督学（他把'爱戴的'加上了引号，因为大家都知道他讨厌那位督学）又用他那犹太人的一套给我们的教师们洗脑，好让他们给我们的学生们洗脑。"那只是我听过的其中一个例子，所以在我心中有很多东西需要疏导。

我也知道，他是当地约翰·柏奇会的首领，我心里对于这个群体的成员也有一些成见。我必须做一些"绝望功课"，这是社会参与中的重要部分。

绝望功课是乔安娜·梅西（Joanna R. Macy）提出的概念。她致力于社会参与的工作，我非常欣赏她。她指出，绝望功课是多么重要，心灵成长与社会参与密不可分。如果我们拥有美好的、强大的心灵，更可能实现我们的社会参与目标。

看到对方鲜活的生命状态

绝望功课是这样进行的：我们前去开会的前一天晚上，我与这个计划的同事聚在一起，对他们说："明天我们到那儿去的时候，我恐怕很难把这个人（报社老板）当成活生生的人。我心里有太多的愤怒，我需要在自己的内心下些功夫。"

我的团队倾听了我。我有了个绝好的机会表达自己的痛苦，并获得理解。他们能够听到我所感受到的愤怒——然后，在愤怒背后是对绝望的恐惧，我害怕无法以有益于所有人的方式，让这样一个人与我们建立连接。

会议前一天晚上，我们花了整整三个小时的时间来做这些工作，因为我心里充满了深深的痛苦和强烈的绝望。有一段时间我说："你们有谁见过他是怎样沟通的，也许我们可以试着做一下角色扮演？我希望能够从他平时说话的方式中，看到他的人性。"

我从来没有见过这个人，但他们见过，于是他们让我看到那人是怎么沟通的。会议前一天晚上我非常努力地想看到他的人性，而不把他视为敌人。我很高兴前一天晚上我们做了这些，因为第二天我们来开会时，我和他正好同时走过门口。他对我说的第一句话就是："这是浪费时间。如果你和督学真想帮助这个社区，那就离开这儿。"

我的第一反应是想抓住他说，**是你说我们可以开个会议的，并且……**但我只是深深吸了一口气。多亏前一天做了绝望功课。我可以更好地控制自己的感受，并试着与他的人性相连接。我说："听起来，你对这次会议有好的结果感到无望。"

他似乎有点惊讶，因为我居然会努力去听他的感受。他说："没错。你和督学的计划只会破坏这个社区。纵容孩子们为所欲为，这种放纵的理念实在太荒谬了。"

我必须再次深吸一口气，因为我感到很沮丧，他认为这是过分纵容。这使我知道，我们没能让他们明白，我们的计划是什么。如果他能看到这些，就会知道我们也有规章制度。只是这些规章制度不是建立在惩罚上或由权威掌管，这些规章制度是由教师和学生共同制定的。

我很想跳起来反击，但我还是再次深呼吸，然后（感谢前一天晚上的工作）我可以看到他的人性。于是我对他说："所以，你认同学校里的秩序是非常重要的。"

他再次奇怪地看着我，然后说："没错。你们这些讨厌鬼。在你和那个督学来到这里之前，我们社区原本就有很棒的学校。"

　　我的第一反应是想提醒他，学校里曾经不断发生的暴力事件和学习成绩差的事实。但我还是选择再次深吸一口气说："那么，听起来学校里有很多你希望支持和保护的事情。"

　　会议进行得很不错。他说话的方式确实很容易让我把他视为敌人，但我继续倾听他内在鲜活的生命状态，满怀尊敬地尝试与他的需要建立连接，然后我看到，他变得更加开明、更加理解我们讨论的内容。会议结束时，我感觉颇受鼓舞。

　　我回到旅馆房间，感觉真的很不错。这时电话铃响了。是那个人打来的，他说："我很抱歉过去那样说你。我想我当时并不理解你的计划。我想多听听，你是怎么想出来的，从哪儿得到这些想法……"如此等等。

　　于是我们像兄弟一样在电话里谈了四十分钟。我坦诚回答了他的问题，并向他倾吐这所学校多么令我兴奋。

　　不久之后，我的同事们来接我去机场回家。去机场的一路上我都在不停地对他们说，这种感觉是多么美妙。我说："这证明了我们所说的。如果你能看到别人的人性，你们就可以建立起联系，不管他是谁！"我感觉真的很棒！这增强了我实现社会参与的希望，如果我们可以超越敌对印象，我们就可以与任何人建立起连接。然后我也给他们讲了那个电话。

　　第二天，一个伙伴打电话给我说："马歇尔，我有个坏消息要告诉你。"

　　我问："怎么了？"

　　"该早点警告你的。这个人的伎俩之一，就是给别人打电话，记下他们所说的内容，然后断章取义，在报纸上嘲笑他们。这是他的老把戏了，我们应该早点警告你的。"

对我来说，社会参与中一个非常重要的部分，就是与社会参与背后的精神力量建立起持续的联系。

我也不知道我想先杀了他，还是先杀了我自己。我是如此愚蠢，居然相信了那样一个人，我竟然认为可以改变那样一个人——他竟然是那样一个人。我很沮丧，越想越觉得他已经对我那样做了。但最后我发现，**他没有对我做出这种事**。而且在下一次董事会会议中，他对我们的计划投了赞成票，虽然他当初当选是为了摆脱它的。

这是我在社会参与中学到的重要一课。我认识到，前一天晚上我花了三个小时的时间，从对对方的敌对印象中走出来——处理自己的痛苦和对于社会参与的绝望——最后终于能把对方视为和我们一样活生生的人。而第二天，仅仅花了五秒钟，我就因为传言而忘掉了这一点。

对我来说，社会参与中一个非常重要的部分，就是与社会参与背后所需的精神力量建立起持续的联系。而那是来自看到我们所追求的目标的美，而不是来自于想象我们要征服的坏人的丑陋。

转化企业中的冲突

> "争论是两个观点之间最远的距离。"
> ——丹·班尼特（*Dan Bennett*）

我经常受邀去调解企业界的冲突。世界各地的许多公司都备受员工间纠纷的困扰。我们用非暴力沟通来指导公司如何应对这些冲突。我曾经应邀前往一家瑞士公司，他们有个部门间的冲突已经持续了十五个月。他们几乎每天都在谈论这件事，是有关使用哪种软件来完成特定功能。但这不是一件小事，把现有的软件换成新的，涉及几万美元的经费，还有大量的时间，等等。

冲突分为两派，年轻一些的是一派，年龄较长的是另一派。我说："不管谁先开始，我想知道，在目前这种情况下，你们的什么需要没有得到满足。如果我们能确定每个人的需要都是什么，所有人都能明确表达出自己的需要，我敢肯定，我们能找到一种方法来满足所有人的需要。那么，谁想首先说说？"

第一位发言者，是年长一派的成员，他刚刚说了几个字，我就明白了为什么需要无法得到满足。我问的是需要，而我听到的是："我认为，新出的东西未必高效。"他接着长篇大论地提出各种见解希望证明一个事实：不能仅仅因为某样东西是新的，就认为它是好的。他又给出了几个例子。我看到另一方的成员都抬头看着天花板，因为这些东西他们已经听了十五个月。

这里是瑞士，他们一直等他说完才开始说。（题外话，这就是为什么就某些方面来说，我比较喜欢在中东地区工作。大家都会同时开口说话，所以同样没有效果的讨论相对也只花一半时间！但这也许因为这是我的家人的说话方式。在我们几百年的家族史上，没有人能从头到尾说完一个句子。）无论如何，这里是瑞士，另一派一直等到他说完，年轻的那边才有个人说："我完全同意这位可敬的同事所说的事实，因为……"

"但我认为……"然后他继续说下去。

我听任这样的状态继续了一段时间，然后我说："到现在为止，是否有人认为本次会议富有成效？"

没有人这样认为。我清楚地感到，这些见解背后隐藏着深深的感受和需要。最后，在我的帮助下，较年长的一方终于说，他们感到多么的受伤，他们以前开发的软件对企业作出了那么多贡献，却没有得到认可。

你看，我在以前合作过的很多机构中，人们不会谈论自己的感情。没有人关心你的感受和需要。只有最终成果才重要。但当你不把自己的感受和需要表达出来，当你只是一直做思维的讨论，最终你就会像这家公司这样：因为无法触及问题的根源，毫无效果地浪费时间。这些年长的职员真的很受伤。他们的成果没有得到认可。我必须帮助他们，我必须把这个方面挖掘出来。这并不容易，因为在这种环境下，人们会害怕袒露自己的感受和需要。

我经常会听到像这样的话："在这里你不能说出自己的感受。他们会把你撕成碎片的。他们会认为你很软弱。"

但我让这一方承认，他们感到受了伤害，因为他们得到认可的需要未能获得满足。我对另一方说："那一边有没有人可以重复一下，让我可以确定，大家都了解了这一点？"

"哦，我们了解，但是……"

"等一下，等一下。请复述一下他所说的内容。"

"好吧，他们的想法是……"

"不，不，不。不是他们的想法。他们当下的感受和需要是什么？"

这并不容易。我必须帮助他们学会听到对方活生生的人性。然后，我让较年轻的一方表达出自己的感受和需要。他们担心，这种新产品不会投入使用，只是因为他们太年轻。他们确信这个新产品会有用。因为他们比较年轻，他们觉得自己的想法没有得到尊重。我帮助另一方听到这一点。然后，我们只用了不到一小时，就解决了这一持续了十五个月的冲突。

转化企业文化

"一个机构的品质绝不会超过这一机构成员心智的品质。"

——哈罗德·R. 麦克阿林顿（*Harold R. Mcalindon*）

在很多公司里，想让人们在需要和感受层次上交谈并不容易，更不用说，他们还没有认识到——每一个机构，每一个组织都有它自己的精神，神学家沃尔特·温克（Walter Wink）认为了解这一点是非常重要的。而当某个机构的精神特征是"成果重于一切"时，这就成为唯一重要的东西。人性的感受、人性的需要，还有人的活力，都成了无所谓的事情。然后，这家公司将在士气甚至成果两方面都为此付出代价，因为，如果你能让人们相信，他们的感受和需要都获得了理解，他们的工作效能也会提升。

我们指导企业界人士的另一点是，当员工没有按上司的希望去做时，如何评估绩效而不批评员工。在这方面，我们同样也会提醒教师这个问题。我们也会教家长们，怎样不带批评地进行评估。有一次，我为一家公司的管理人员们解释这个问题。我首先谈到了我们培训中的部分内容——怎样做清晰的观察，怎样通过表达你不喜欢他们所做的事情，来引起对方的注意力。我对这些管理人员问了一个问题："例如，你今天希望讨论员工中存在的什么问题行为？"

一个人说："有些人就是不尊重权威。"

我说："稍等一下。这就是我所说的**诊断**。我问的是他们做了什么。你要评估某个人的绩效。如果你说他们不尊重，很可能会引起防御式的回应。所见即所得。我建议，如果你希望自己对别人的评估可以改善他们的表现，首先清晰地进行观察。"他还做不到这一点。

另一位管理人员说："嗯，我的雇员很懒。"

我说："不好意思，这也是一项诊断。并不能回答我的问题，他们做了什么。"

其中一人最后说："该死，马歇尔。这太难了。"

正如我前面提到的，积度·克里希那穆提（Jiddu Krishnamurti）说，不带评论的观察是人类智慧的最高形式。

我正在告诉他们怎样进行观察时，一位经理跳了起来，直接跑出了房间。第二天早上，他走过来对之前突然离去表示歉意。他说："昨天你指导我们怎样进行绩效评估，怎样确保进行清晰的观察，不要使用任何听起来类似于批评的语言……"

"没错，我记得。"

"昨天我之所以会跳起来离开你的培训班，是因为，我前来参加培训班的半路上，在办公室停了一下，把我做的绩效评估交给秘书打字输入电脑。昨天你在二十分钟之内让我明白了，为什么每年绩效评估的时间，对我来说都是个噩梦。我在那之前的好几个晚上都无法入眠。我知道，有很多人会受到伤害、感到愤怒。而这又会使事情变得更糟。你告诉了我，这是因为我混淆了观察和评价。于是我赶紧跑回去，赶在我秘书输入绩效评估之前把这些东西拿回来。"

他继续说，"昨晚我一直熬到凌晨两点，想要清楚表达员工做了什么我不喜欢的事情，而不掺杂诊断或批评。"

如果人们不愿意到一起来

"领导是一项比选边站队更艰难的工作。它必须把几方拉到一起。"
——杰西·杰克逊（Jesse Jackson）

归根结底，在努力实现社会参与的过程中——无论是家庭、企业、政府，还是任何方面——最大挑战就是把人们拉到一起。我是说真的。这就是最大的挑战。

例如，我曾经在瑞士的一处度假酒店，调解厨房经理们与另一位经理之间的冲突。度假酒店的老板希望双方能召开一次调解会议，但他们斩钉截铁地拒绝会面。于是我和其中一位部门经理会面。我应用非暴力沟通扮演另一位部门经理的角色。我关切地倾听，并通过一种非评判性的方式表示，我已经了解到对方的需要是什么。

我们把会面过程用磁带录音。在这位经理的允许下，我为另一方播放了磁带，然后与另一方也做同样的事。我所做的这一切，都是希望能让他们两人进入同一个房间会面，但在做了这些事情之后，我们已经解决了冲突。能取得这样的结果，多亏我用了一种创造性的方式来"让他们进入同一个房间"。

第 *12* 章

感激

"它变拥有为富足。它变拒绝为接受，变混乱为秩序，变困惑为清晰。

它会变饭食为盛宴，变房屋为家，变陌生人为朋友。

感恩让过往充满意义，为今天带来平和，使明天充满憧憬。"

——梅洛迪·贝蒂（Melodie Beattie）

感激是社会参与中另一个关键内容，同时也有助于维持非暴力沟通希望支持的一种精神意识。当我们知道怎样通过某种方式表达和接受感激时，它赋予我们巨大的力量来坚持为社会参与而努力，并且是用未来能展现的美来给我们力量，而不是通过征服邪恶势力。

我第一次充分体会到感激的重要性，是在美国爱荷华州与一个强有力的女权主义团体一起工作。我很钦佩她们的工作，很荣幸能教她们如何使用非暴力沟通来帮助她们推动社会参与的努力。但我和她们一起度过的三天中，有一件事情使我感到有点古怪。她们每天都至少会停下来两三次，表示感激，庆祝值得庆祝的事情。而在那个时候，我的全部注意力都放在世界上还有多少需要做的工作，只为了庆祝而暂停会议，这让我感到很泄气。还有那么多种族主义、性别歧视的问题需要解决，还有那么多事情需要改变，我全神贯注于需要完成的事情，没有闲暇来庆祝。

于是，在我们的工作完成后的第三天晚上，我与这个团体的领导人共进晚餐，她问："与我们一起工作感觉如何？"

我说："我非常钦佩你和你的同事们所做的工作。在这儿很愉快。但只有一件事我感觉稍微有点尴尬，就是你们经常会停下来庆祝和感谢，我只是不太习惯这样。"

她说："我很高兴你提到这一点，马歇尔。我正想和你谈谈这件事。你难道不担心，对社会参与努力的动力是来自对事情可怕结果的担忧，而非不断提醒自己生活中的美好？这就是为什么我们在社会参与的努力中表达感恩。虽然我们知道还有很多工作要做，我们仍然会停下来，感谢人们为了支持我们的目标所做的事情。"

这让我想到，我的注意力曾经多么专注在那些糟糕的状况和需要做的事情上面。这使我心里出现了一个非常可怕的人。从那时起到现在，已经过了三十多年，我一直努力在我们的非暴力沟通培训中融入表达感激的内容。我们看到它可以让我们的生活与我们精神层面的价值观保持和谐一致。我们越是这样表达和接受感激，就越能想到非暴力沟通希望支持的精神。

正如我之前提到的，我们所信奉的精神，是希望人们时刻意识到，我们生活的目标是慈悲的给予，慈悲的服务。没有能比用我们的力量服务生命更美好的事了。那是神圣能量在我们内在的显现，那是我们最大的喜悦：通过我们的努力来服务生命。

赞美和表扬成为有害的评判

"当两个人真正地、人性地建立联系，
上帝就是他们之间激荡的电流。"
——马丁·布伯（*Martin Buber*）

我们教人们如何在非暴力沟通中表达和接受感激，来帮助我们的生活与非暴力沟通的精神保持和谐一致。但这意味着我们要对一直以来被教导的表达感恩的方式有所觉察，它与支持那种精神背道而驰。在非暴力沟通中，我们建议不要表扬或赞美。在我看来，告诉别人他们做得很好，他们很有能力……这仍然是一种道德评判。它创造出来的世界仍然与鲁米所描述的那个地方不同，那片超越对错区分之外的田野。当我们使用评判的语言表扬和赞美时，这与批评别人不友好、愚蠢、自私使用的是同一种语言**形式**。

我们认为，正面的评判和负面的评判一样让人们无视活生生的人性。我们同样认为，以正面的反馈作为奖励是多么有害。不要让表扬和赞美来抹灭人性。每当企业界经理们或教师们听到我这样说时，往往会感到震惊。他们通常接受的培训，告诉他们每天都要表扬和赞美员工或学生，这样业绩就会上升。我会向他们指出，一些研究表明，确实，大多数孩子受到表扬或赞美时，会更努力地学习，大多数员工受到表扬或赞美时，会更努力地工作……但这只会持续很短的一段时间。等他们开始感觉自己被人操纵，感觉表扬或赞美并非真心，并不是发自内心的感激，这就无效了。他们会认为这只是另一种操纵方式，另一种催促他们干活的方法。人们感觉自己受到操纵时，不能做到持续的高效。

如果你希望进一步读一些有关奖励暴力的内容，看到那是与惩罚的暴力有同样的危险，可以阅读阿尔菲·科恩（Alfie Kohn）的著作《用奖励惩罚：小红花、激励计划、高分、表扬和其他"收买"方式带来的困境》。惩罚和表扬都是操控他人的手段。在非暴力沟通中，我们希望增强力量，指的是与人协作的力量，而非操控他们的力量。

用非暴力沟通表达感激

"在每日的生活中，我们必须看到，
不是幸福使我们感恩，而是感恩使我们幸福。"
——阿尔伯特·克拉克（Albert Clarke）

在非暴力沟通中，我们如何表达感激之情？首先，目的是至关重要的：为庆祝生命，而非其他。我们并不是要奖励他人，而是希望他们能知道，他们的何种行为使我们的生命更加丰富。这就是我们唯一的目的。为了说清楚我们的生命如何变得更加丰富，我们需要告诉别人三件事情，而表扬和赞美并不能把这三件事说清楚：

首先，我们想要说清楚，他们做的什么我们想要庆祝，他们的何种行为丰富了我们的生命。

其次，我们想要告诉他们，我们对此感受如何，他们做的事在我们心里产生了何种鲜活的感受。

第三，我们想要告诉他们，他们的行为满足了我们的什么需要。

有一次我为教师讲解怎样通过非暴力沟通表达感激时，因为时间不够了，没来得及把这一点讲清楚。课后，一位教师来到我面前，她是这样向我表达感激的。她的眼里闪着亮光，说："你真了不起。"

我对她说："那没什么帮助。"

她说："什么？"

我说："告诉我我是什么，那没什么帮助。在我的一生中，人们曾经用各种各样的话来评价我。有正面的，也有相当负面的。我无法回想起来当别人告诉我我是什么时我能学到任何有价值的东西。我想我们都一样。我认为，别人告诉你你是什么，完全没有价值。但我从你的眼睛中能看得出，你是希望表达感激。"

她看起来有点困惑，说："没错。"

"我也希望能够接受感激。但只告诉我我是什么，并不能把它传达给我。"

"哦，"她说，"你希望我说些什么？"

我说："还记不记得我在今天的研讨会上讲了什么？我需要听到三件事情。首先，我做了什么使你的生活更加美好？"

她想了一会儿说："你聪明过人。"

"不，"我说，"这仍然是对我的评判。它并没有真的告诉我，我做了什么。如果我能够具体了解，我所做的什么事情丰富了你的生命，我会从你的反馈中得到更多收获。"

"哦，"她说，"我明白你的意思了。我想我理解了。"她翻开笔记本，指着她在上面记下来的两条内容，旁边画了大大的星号。她说："你讲了这两点。"

我看着她的笔记本。"是的，那就有帮助，知道我以某种方式丰富了你的生命。其次，"我继续说，"如果能知道你现在感受如何，也会对我有帮助。"

"哦，马歇尔，我感到非常安心、充满希望。"

"好的。那么第三，那两点满足了你的什么需要？"

"马歇尔，我从来都无法与我十八岁的儿子沟通。一直以来我们之间只有争执。我需要一些具体方向，指导我与他彼此联系起来。你讲的这两件事情，满足了我对于具体方向的需要。"

我说："谢谢你跟着我完成那些步骤，你帮助我看到我为你的生活作出了怎样的贡献。能够了解自己具体做了什么，我感到非常满足。"

我敢肯定，听到别人告诉我我是什么，与听到这三件事情是完全不同的。这就是我们通过非暴力沟通表达感激的方式。

怎样接受感激

"让我们感恩那些令我们开心的人；
他们是让我们的灵魂开花的可爱园丁。"
——马塞尔·普鲁斯特（*Marcel Proust*）

现在，我想介绍一下在非暴力沟通中怎样接受他人的感激。我们在每一个国家中都发现，人们接受他人的感激是多么困难，因为他们先前接受的教育告诉他们，你应该谦虚，你不要自以为是。接受感激对人们来说非常困难。

例如，在说英语的人中，当你对人们表达感谢时，他们往往看起来像吓了一跳。他们会说："哦，没什么。没什么。这没什么。"法国人会这样说，西班牙人会这样说，瑞典人会这样说。我在世界各地问了很多人："为什么接受感激这么困难？"

我会得到这样的答案："哦，我不觉得我值得。"在这里，"值得"是一种可怕的观念。当你会担心自己究竟是否值得，连接受感激都很难。

也有时候他们会说："嗯，表现得谦逊有什么问题吗？"

我回答说："那要看你所说的谦逊是什么意思。谦逊有好几种。有一种我认为是不适宜的，因为它让我们看不到我们的力量、我们的美。"

以色列前总理果尔达·梅厄（Golda Meir）与他的一位内阁部长谈到这种假谦虚时说："不要那么谦虚，因为你没有那么伟大。"我喜欢这种说法。我想人们很难接受感激的最重要的原因，在《奇迹课程》（由 Foundation for Inner Peace 出版）中已经作了有力的表达，书中说，我们最害怕的，是我们的光明，而非我们的黑暗。

可悲的是，在这个充满了道德评判、报应性司法、惩罚、奖励和"值得"的世界中，我们多年来接受的都是这样的教育。这种评判性的语言已经深深植根于我们内心中，在这个框架内，我们很难与我们的美保持连接。

非暴力沟通让我们知道如何有勇气面对我们每个人内在的力量和美。

第 13 章
结束语

"人类必须为所有的人际冲突发展出一种不同于报复、侵略和复仇的方式。

这种方法的基础就是爱。"

——马丁·路德·金（Martin Luther King Jr.）

在本书中，我们谈到在三个层次与生命连接来实现和平——我们每个人都能学会这样做。

首先，在我们的内在，我们如何与内在的生命连接，从我们的局限中学习，而不责备和惩罚自己。我们的培训教人们如何在内在创造和平。如果做不到这一点，我很怀疑，我们是否能与外部世界和平相处。

其次，怎样与他人建立丰富生命的连接，使慈悲的给予自然地发生。

第三，如果那些我们已经建立的机构——企业、司法、政府或者其他——不能支持我们之间和平的、丰富生命的连接，我们如何转化它们。

我们的培训会指导人们怎样在这三个层次实践支持和创造慈悲的给予：在我们的内在、与他人及与组织机构。

我希望你能意识到，我们需要一个与现在不同的经济体系，不仅仅在这个国家，也在全世界。我希望你读一下大卫·科尔顿（David Korten）的著作《后企业世界》和《当企业统治世界》、保罗·霍肯（Paul Hawken）的《自然资本主义》以及玛格丽特·惠特利（Margaret Wheatley）的著作。我希望你能看到有其他可能的经济体系——更有利于增进和平和保护地球的经济体系。我热切地希望你能认识到，这样的经济体系是我们可以做的，也希望你会与我们一起朝向这个目标努力。

此外，我希望你能熟悉一下修复性正义。我们目前的司法系统是彻底失败的。它制造的暴力比它防止的还要多，而大多数人以为，我们要么选择目前的司法系统，要么选择无政府状态。我们认为，如果我们不去惩罚别人、杀死别人，我们就会陷入无政府的混乱状态。我希望你能认识到，还有更有力的方法来创造基于修复性正义原理建立起的司法系统，会使我们所有人更安全。

所以，我希望每个人都能熟悉两点：

第一，完全不同的经济体系。

第二，不同于当前给世界带来巨大痛苦的司法系统。

我相信，正如泰亚尔·德·夏尔丹（Teilhard de Chardin）所说，和平的世界不仅是可能的，也是必然的。我想我们正在朝着这个方向进化。当然，他非常有耐心，因为他是一位古生物学家，会从数万年的尺度上思考。他对于当前的暴力并没有天真的想法，但他仅把暴力视为进化中的枝节。他能看到我们的进化，我也能，但我并不像他那么耐心。我等不了几万年，所以我对如何加快速度很有兴趣。但我认为这是必然的，除非我们毁灭地球，我想我们正在朝着这个方向前进。

我和我在非暴力沟通中心的同事，会继续为人们提供这种教育，帮助他们建立起能支持和维持外在世界和平的内在世界。我们这样做，是因为我们希望人们知道如何在人际关系中创造和平——并且认识到，他们有力量建立起这样的机构，来支持慈悲的人际互动、慈悲的资源交换，以及慈悲的正义。

致　谢

三十多年前刚刚开始的时候，我不得不拼命寻找那些有想象力的人，他们能想象出这个世界可以变成什么样子，也同时具有创造这种社会改变所需的力量和技能。如今这已经容易多了。接受了非暴力沟通培训的人们，不仅在基层传播非暴力沟通，同时与其他国家的人彼此联系和进行培训，以继续培训其他人，看到这些我备受鼓舞。正是这些人给了我希望，在任何一个国家都不难找到他们的身影。

我看到的世界，与大多数人在电视上看到的，是一个不同的世界。我在许多新闻中出现的地方工作过，如塞拉利昂、斯里兰卡、布隆迪、波斯尼亚和塞尔维亚、哥伦比亚，还有中东地区。我在卢旺达和尼日利亚都曾遇到过全家遇难的人，所以，我知道这个世界在发生什么。但在世界各地，和我一同工作的人告诉我，事情不必非那样不可。我与这些拥有不同世界观、不同思想的人一起工作，并且看着这些人迅速传播这样的思考。他们的勇气、他们的愿景、他们在最艰难的情况下依然保持活力的能力，都为我带来了难以言表的激励。

我很感激能在卡尔·罗杰斯（Carl Rogers）教授研究如何有助于改善人际关系时，与他一起学习和工作。我在本书中描述了沟通模式的进化，这项研究成果在其中发挥了关键作用。

我想要感谢我的朋友安妮·穆勒（Annie Muller）。她的鼓励，使我的作品的精神基础更加清晰牢固，使我的生活更加幸福。

我将永远感激迈克尔·哈基姆（Michael Hakeem）教授，他帮我看到，当对人性的了解以病理学为基础时，在科学上的局限和社会、政治上的危险。认清这种模式的局限，激励我寻找一种基于不断认清我们人类本来想要如何生活的心理学模式。

我尤其感谢一些我称之为非暴力沟通"培育者"的人，这些人献身于非暴力沟通精神的传播。下面是一个简短的名单，我十分感激他们早期在全球不同地区传播非暴力沟通时扮演的关键角色。

巴勒斯坦的纳弗兹·阿塞勒（Nafez Assaily）

瑞士的安妮·布里特（Anne Bourrit）

塞拉利昂的鲍勃·康德（Bob Conde）

意大利的威尔玛·孔斯特提（Vilma Costetti）

布隆迪的杜尼亚·哈特盖基马纳（Dunia Hategekimana）

美国的丽塔·赫尔佐克（Rita Herzog）

南斯拉夫的纳达·伊格尼亚托维奇－萨维克（Nada Ignjatovic-Savic）

尼日利亚的沙米·伊赫吉尔卡（Samie Ihejirka）

瑞士的巴巴拉·昆兹（Barbara Kunz）

比利时的简－弗兰科斯·乐卡克（Jean-Francois Lecoq）

美国的吕靖安（Lucy Leu）

法国的帕斯卡莱·莫洛（Pascale Molo）

卢旺达的西奥多来·穆库东嘎（Theodore Mukudonga）

爱尔兰的卡梅尔·内兰修女（Sister Carmel Neland）

斯里兰卡的克里斯·拉杰达姆（Chris Rajendram）

哥伦比亚的乔治·卢比奥（Jorge Rubio）

德国的伊索尔达·特施耐尔（Isolde Teschner）

瑞典的托·维德斯特兰德（Towe Widstrand）

还有很多很多人，远超过我能在此列举的。看到这些人，与其他成千上万的人一起，在社区里、在当地、在他们的国家，对和平作出贡献，现在更遍及世界，这让我非常喜悦。

——马歇尔·卢森堡博士

非暴力沟通四要素

诚实地表达自己，而不批评或指责	关切地倾听对方，而不解读为批评或指责
观察	
我所观察（看、听、回忆、想）到的有助于（或无助于）我的福祉的具体行为： "当我（看、听、想到我看到的/听到的）……"	你所观察（看、听、回忆、想）到的有助于（或无助于）你的福祉的具体行为： "当你（看、听、想到你看到的/听到的）……" （有时在倾听中不说出来）
感受	
对于这些行为，我有什么样的感受（情感而非思想）： "我感到……"	对于这些行为，对方有什么样的感受（情感而非思想）： "你感到……吗？"
需要	
什么样的需要或价值（而非偏好或某种具体的行为）导致我有那样的感受： "因为我需要/看重……"	什么样的需要或价值（而非偏好或某种具体的行为）导致对方有那样的感受： "因为你需要/看重……"
请求	
清楚地请求（而非命令）那些能丰富我生命的具体行为： "你是否愿意……"	关切地倾听那些能丰富对方生命的具体请求，而不解读为要求： "所以，你希望……" （有时在倾听中不说出来）

我们共有的一些基本感受

☺ 当需要获得满足时的感受

·兴奋	·喜悦	·欣喜	·甜蜜
·感激	·感动	·乐观	·自信
·高兴	·快乐	·愉快	·幸福
·平静	·自在	·舒适	·放松
·精力充沛	·振作	·陶醉	·踏实
·兴高采烈	·振奋	·满足	·安全
·喜出望外	·开心	·欣慰	·温暖
·无忧无虑	·心旷神怡	·放心	

☹ 当需要没有获得满足时的感受

·害怕	·担心	·焦虑	·忧虑
·忧伤	·沮丧	·灰心	·气馁
·恼怒	·愤怒	·烦恼	·苦恼
·不高兴	·失望	·困惑	·茫然
·震惊	·麻木	·精疲力尽	·萎靡不振
·沉重	·惭愧	·内疚	·妒忌
·尴尬	·着急	·泄气	·生气
·寂寞	·遗憾	·紧张	·绝望
·厌烦	·孤独	·疲惫不堪	·不舒服
·伤感	·不满	·心神不宁	·心烦意乱
·郁闷	·凄凉	·昏昏欲睡	·难过
·悲观	·不耐烦	·无精打采	·不快
·悲伤			

1. 自由选择（Autonomy）

选择梦想 / 目标 / 方向

自由制定计划来实现这些梦想、目标和方向

2. 庆祝（Celebration）

庆祝生命的创造力以及梦想的实现

哀悼失去：亲人的去世或梦想的破灭等（表达悲伤）

3. 言行一致（Integrity）

真诚　创造　意义　自我肯定

4. 滋养身体（Physical Nurturance）

空气　食物　运动

免于病毒、细菌、昆虫及肉食性动物的伤害

休息　住所　触摸　水

5. 玩耍（Play）

乐趣　欢笑

6. 情意相通（Spiritual Communion）

美　和谐　激励　秩序　平静

7. 互相依存（Interdependence）

接纳　欣赏　亲密关系　社区

体贴　成长

安全感　倾听

诚实（使我们能够认识和超越自己的局限性）

爱　信心　尊重　支持　信任　理解

我们共有的一些基本需要

154

非暴力沟通中心简介

非暴力沟通中心（CNVC）是一个致力于缔造和平的非营利性国际组织，目标在于实现一个和平地满足所有人需要的世界。非暴力沟通中心致力于支持在世界各地宣传推广非暴力沟通。

非暴力沟通中心于 1984 年由马歇尔·卢森堡创立以来，始终致力于在思想、语言和行为方面实现巨大的社会转变——告诉人们，怎样彼此沟通可以带来激发慈悲的结果。如今，非暴力沟通已经传播到世界各地的社区、学校、监狱、调解中心、教堂、企业、专业会议，以及其他更多地方。超过 200 名认证培训师以及数百位其他人员，每年在 35 个国家和地区为约 25 万人教授非暴力沟通。

非暴力沟通中心相信，为了持续建设一个富有同情心的、和平的社会，非暴力沟通的培训是至关重要的一步。您的捐款将帮助非暴力沟通中心继续为世界上一些最贫困、最暴力的地区提供培训。这个组织还将支持开展和继续推进一些项目，旨在为迫切需要非暴力沟通的地区和人民开展非暴力沟通培训。

如果您希望捐款，或进一步了解下述资源，请访问非暴力沟通中心网站 www.CNVC.org：

·培训及认证——在这里可找到当地、本国和国际培训机会，了解培训师认证信息，联系当地的非暴力沟通群体、培训，等等。

·非暴力沟通中心书店——在非暴力沟通中心网站上可找到所有非暴力沟通书籍、手册、音频和视频资料的邮件或电话订购信息。

·非暴力沟通中心项目——七个区域性的和特定主题的项目，在针对特定问题或地区教授非暴力沟通时，给出重点、进行指导。

·线上团体和邮件组——这里提供多种基于特定主题的非暴力沟通线上团体和邮件组服务，目的在于支持个人学习，以及非暴力沟通在全球的持续发展，欢迎加入。

有关非暴力沟通的更多信息，请联系非暴力沟通中心，地址如下

Center for Nonviolent Communication（CNVC）

5600-A San Francisco Rd NE Suite A

Albuquerque,NM 87109 USA

Website: www.cnvc.org

Email: cnvc@CNVC.org

USA Headquarters Phone: 1-505-244-4041

图书在版编目（CIP）数据

用非暴力沟通化解冲突 /（美）马歇尔·卢森堡著；
于娟娟，李迪译 . -- 北京：华夏出版社，2023.8
（非暴力沟通系列）

书名原文：Speak Peace in a world of Conflict
ISBN 978-7-5080-9651-3

Ⅰ . ①用… Ⅱ . ①马… ②于… ③李… Ⅲ . ①心理交往 Ⅳ . ① C912.11

中国版本图书馆 CIP 数据核字 (2019) 第 007154 号

版权所有，翻印必究。
北京市版权局著作权合同登记号：图字 01-2013-1359 号

用非暴力沟通化解冲突

著　　者	[美] 马歇尔·卢森堡

译　　者	于娟娟　李　迪	版权统筹	曾方圆
责任编辑	朱　悦　陈志姣	营销编辑	张雨杉
责任印制	刘　洋	装帧设计	殷丽云

出版发行　华夏出版社有限公司
经　　销　新华书店
印　　刷　三河市少明印务有限公司
装　　订　三河市少明印务有限公司
版　　次　2023年8月北京第1版　　2023年8月北京第1次印刷
开　　本　710×1000　1/16
印　　张　10.25
字　　数　116千字
定　　价　49.80元

华夏出版社有限公司
网址:www.hxph.com.cn　　地址：北京市东直门外香河园北里4号　邮编：100028
若发现本版图书有印装质量问题,请与我社营销中心联系调换。电话：(010) 64663331